愛自己別無選擇

每天練習跟自己好好在一起

喬宜思 Joyce Huang—— 著

目錄

目錄

目錄

目錄

目錄

目錄

好評推薦

「還在逆境嗎？二〇二二年宇宙的小祕密！這本書將引導你如何順流而走，順勢而為，輕鬆又愉快。來！Joyce 教你，別無選擇地愛自己！」

——張翰，演員

「這是宇宙最大的祕密，最強力的咒語，更是地球旅行者們居家外出必備良藥。」

——曾薰儀，露天市集總經理

「人生的道路上，冷暖自知，只有自己才能為自己負責，選擇自己要過的生活方式。懂自己多一點，就能愛自己多一些。活出屬於自己的精采吧！」

——謝佳見，藝人

「相信自己的風格，吸引對的人來到的生命中，活著的人間就是天堂。」

——魏世芬，聲音修繕師

推薦序
相信自己的心，相信獨一無二的自己

——林憶蓮，知名音樂人

我擁有一顆石頭，她的名字叫安達拉（Andara），湖水藍色的清澈形態和線條像極了一顆心，找尋這顆心的旅程，是迂迴有趣的一段。

引用本書篇名〈冥冥之中，有定數〉其中的文字：「這世界上每個人與每件事，都以奇妙而準確的狀態相銜接，相倚相依……。」

第一次看到安達拉，是跟 Joyce 的第二次碰面之後。一天早上，收到她從台北寄來了一個淺黃色的公文包。小石頭暗藏著生命的震動頻率，早就跳出了保護她的紫色絲絨小包，隨著公文包裡盛載的書本和卡片一起滑出，落在我的手心……

認識 Joyce，是從人類圖氣象報告開始，不太知道怎麼確切形容 Joyce 的文字震撼我的感覺，是一股溫暖而綿綿厚實的感動，溫柔卻澎湃的力量。她的文筆細膩清晰地緊扣著我心底最脆弱的糾結和不安，彷彿她是一直守護著我的天使，默默地在我背後觀察，洞悉我的喜怒哀樂。然後，選擇在我最需要力量的時候拍拍我的肩膀跟我講話。有時候，又彷彿像聽一個慈祥的長者，帶著無比的智慧和幽默，從容但肯定地告訴我，沒有什麼是過不去的！沒有什麼是非得這樣不可的。常常在讀她的氣象報告當下，眼淚釋放，心頭那大顆小顆的石頭，終於被一一瓦解。

我對人類圖的認知很淺薄。但我的確認同並堅信每個人都是獨一無二的。而每段相遇都有設定的機緣，都有暗藏的玄機。從接觸 Joyce 的文字，到認識她，到今天為這些深深打動我的文字集成的一本書寫序，我深信並讚歎這冥冥中微妙的安排。

在自我探索和成長的過程中，我們會很直接去審視跟身邊每個人的關係，卻往往忽略了最重要的是自己跟自己的相處是否有一種坦然安心的平衡。我希望大家能細味 Joyce 的文字，從中找回你的內在權威與策略，相信自己的心，相信自己，愛自己。

作者序

活在璀璨星空下，保有純粹的自己

多年後，某一天，翻開之前所寫下的文字，重新認識這一路走來的我。讀到的是天真，其實也是安慰。審視當時的我比較現在的我，十年光陰悄悄翻飛，當時我並不知道後來會發生什麼，如同現在的我並不知道，未來還有什麼在前頭等待著我。我一字一句寫下人類圖帶給我的影響與啟發，每天流日的人類圖氣象報告，一篇篇都是心上的足跡，宛如星體運行依循的軌道，經歷會經歷的，體驗有體驗的，過程的快樂與傷心，有些記得有些遺忘。

有一回，我講完課，站在台北市街頭的夜，大雨紛飛下個不停，燈光下飄散的水滴與光影奇幻又美麗，雖然又溼又冷，我卻感到溫柔與留戀，我對這個世界存有太多幻想，許多迷戀，疑惑太多，而解答總在追尋中。

那是愛吧，不是對特定某個人的愛，而是那一刻，我存在地球上，在這趟生命的旅程中，我何其有幸可以感受，可以寫作，可以沉浸在人類圖的世界裡，能以這樣獨特的方式，靜靜與你交流，生命中的某個瞬間，我感受到愛，寬廣將你我與整個世界圍繞。

或許人生如夢，而我的夢總是璀璨的，幸福是，心碎也是，笑與哭都是。我是如此戀戀不捨地，在各種人的意念與心智中穿梭研究內省，試圖理解宇宙蘊藏其中的奧祕，後來發現，若不違心，好好活出自己，不管頭腦認為是好是壞，都不重要，活著本身就是奧祕。

我喜歡自己留下的這些文字，即便寫下文字的那個我，早已與現在的我相隔何啻千萬里，我都珍惜，也心懷感謝。

謝謝沿路走來每個人，每件發生的事件，並非每件事情都是玫瑰色般美麗，但都或多或少錘鍊出更細膩的我，更懂得溫柔對待自己，這是很好的練習，是宇宙的考卷不只一張，要我磨練耐性，對自己有耐性的同時，也對世界存有信望愛，一直一直一直不放棄良善的信念，一如植物向陽般朝氣蓬勃，是本質的設定。

這次全新出版的封面，充滿綠色的植物，其中那白色可愛的花朵是伯利恆之星，伯利恆之星的花語是，純粹，柔軟的心。

但願我，也願閱讀這本書的你，對待自己，可以保有純粹，柔軟的心。

隨著疫情延燒，整個世界正在改變重整，這時候的我們，可以練習好好等待，練習安定，保有純粹的心念，對自己溫柔，柔軟的心。

好好生活，好好對待自己，相信自己的力量，靜靜守護自己，因為你是全世界最重要的那個人，你是啊，怎麼還有懷疑呢。

想休息就休息，想奮戰就奮戰，想工作的時候奮不顧身勇往直前，想睡的時候就乾脆冬眠吧，想像自己是毛茸茸的熊，靜謐睡在雲端，純粹地，活出自己其實不必用力，只要隨順心意，尊重自己的意願，每一天都練習不再委屈自己，你將發現自己像是綠色的植物一樣強大，逐漸茁壯，成樹成蔭，有一天還不預期開滿一整樹漂亮的花，為了自己，而美麗。

這是對自己的愛，你永遠擁有這份愛，不曾失去，也不會失去。

第1章

世界上的人何其多，卻只有一個你

01 幻覺欺人，更要對自己誠實

今天適合靜下來，好好檢視自己截至目前的人生中，累積的諸多結果，中立而客觀。

這包括了你現在正從事的工作或事業（你喜歡每天去工作嗎？）、你的人際網絡（你喜歡自己的朋友圈嗎？）、你的另一半（你身邊是否有所愛的人？）、你的財務狀況（你滿意嗎？）、你的身材（你喜歡自己的身體嗎？）……把自己不盡滿意，正讓你苦惱挫敗的部分，攤開來看一看。

這是截至目前的成果揭曉，如果你願意對自己誠實，這就是你想要創造出來的結果，這是真相。其餘的，是包裹在真相周圍的自圓其說，美麗虛華如同包裝紙一樣脆弱。

請回到你的內在權威與策略，幻覺欺人，若能看透自己真正的意圖，才有機會，重新再做一次選擇。

選擇你想擁有一個什麼樣的人生，然後，真正擁有它。

人類圖氣象報告．覺察關鍵字

#頭腦中心　#邏輯中心　#47.1盤點　#抽象的通道64－47　#內在權威

02 看見自己，記起你是誰

你的每一樣能力，不管你喜不喜歡，都是老天爺給你的禮物。想像，祂笑臉盈盈地給了你這樣，又給了你那樣，每一樣能力都帶著無限深遠的祝福。

這祝福不是只給你這個人，而是期待能夠透過你，讓這看似微小的祝福得以擴散，像一團團柔和的光，一圈一圈又一圈地向外擴散著，讓人與人之間得以相互支持，彼此散發力量，聯結成正向的網絡，無窮無盡擴散至更多更遠的地方。

所以，你給我聽好，你的能力，不是讓你妄自菲薄，虛度光陰，更不是要你恃才傲物、眼高於頂。你的才華是一份珍貴的禮物，當你把自己貢獻出來，就能使更多人因為有你，這個世界因為有你，而變得更好。

請回到你的內在權威與策略，失去信心的時候，遲疑的時候，看見自己，記起你是誰。你是一份宇宙無敵最厲害的——愛的禮物。

人類圖氣象報告・覺察關鍵字

#人類圖通道 #輪迴交叉 #G中心 #啟發的通道1－8
#1號閘門自我表現 #8號閘門貢獻

03 對你來說，怎樣才算夠好？

一山永遠還有一山高，好還可以更好，拚命努力的出發點是因為恐懼？想證明自己？還是源於真心的渴望？

對自己誠實，把真實的答案收在心裡，不時可以拿出來提醒自己。如果還有恐懼，不要繼續否定內心曾經受過傷的自己。如果還想證明，就盡情用力去證明之後，再回頭徹底檢視，看看自己有沒有更快樂，更滿意，更知足。如果源於真心的渴望，你會明白，什麼是像一把火在內心燃燒，源源不絕的動力所帶來的炙熱與感動。

怎樣才夠好？

你的出發點會帶著你翻山越嶺，折騰良久，而這答案，往往總要經歷過許多自認為不夠好的時刻，才能平心靜氣去看待。

請回到你的內在權威與策略，如果你願意，今天請花點時間與自己獨處，把認為不夠的地方，徹底想完一遍，然後，記得再想一想，自己有多好。

愛你自己。你很好，很美好。

人類圖氣象報告．覺察關鍵字

#意志力中心　#10號閘門愛自己　#直覺中心　#G中心

04 總是有人會討厭你

這世界有人喜歡你，自然也會有人討厭你。

來自外在的喜歡或討厭，有太多不可控因素，若只求取悅眾人，那這條路苦澀無盡頭，何必把自己的努力放在這上頭，值得思考的反倒是：我喜歡我自己嗎？我有沒有忠於自己呢？現在的我，所認真與堅持的一切，是不是自己真心喜愛的事情呢？

取悅你自己。

若你所走的這條路無愧於人，也無愧於心，同時能帶來美好與良善，走著走著，無形中也就利益了眾生。

請回到你的內在權威與策略，其餘的是非，學習豁達，且樂生前一杯酒，何需身後千載名。

人類圖氣象報告．覺察關鍵字

#困頓掙扎的通道28－38頑固的設計　#探索的通道34－10遵從自己的信念

#10號閘門愛自己

05 照顧自己，做有意義的事

聆聽周圍的意見，感受每一種感受，在這個價值觀錯亂的世界裡，依舊昂首行走，以你的風格，以你的姿態。

你認定的，對自己有意義的事情，極有可能與其他人想的都不相同。既然如此，到底誰是誰非？而你的堅持又是對是錯？沒有人可以為你回答，我們都要以自己的方式，以自己的生命去驗證，去體悟。人身可貴，存活是身為人最基本的需求，照顧自己的身體，延續生命，你可以選擇只是活著，凡事謹慎小心，只求安全就好，你也可以選擇燃燒自己的熱情，秉持旺盛的生命力，朝著你認為有意義的方向走去，真正活出自己，平和而堅定。

若此生能夠臣服於一個更高的信念與原則，遠遠高於自身生命的價值，那是幸運的。

這是一段非常個人的歷程，精神上所追尋的意義與否，看似虛無飄渺，卻在靈魂層次有著不可動搖的力量，足以化不可能為可能。

請回到你的內在權威與策略，好好照顧自己，做有意義的事。今天，一起加油。

人類圖氣象報告．覺察關鍵字

#個體人通道群 #探索的通道34－10 #27號閘門滋養照顧

#困頓掙扎的通道28－38 #46號閘門身體之愛

06 即使在爛泥，也能活出一朵花

「受害」是一種心態，意思就是，都是別人害的，別人害我如何如何，別人害我怎樣怎樣，講得好像人生軟弱無力，失去力量的自己只能活得像一團爛泥，而我今天變爛泥，說來說去還不是這整個爛泥又負面的世界害的，為了融入、與人為善（自以為），只好舍我其誰，就算有人的生命宛如春花，我好可憐只能當爛泥。

我們今日深入探討一下，讓一個人變身受害爛泥的歷程。

受害者。其實皆有一個隱藏的癥結，那就是：沒有能力處理自己的困惑。

人生在世，誰人沒有困惑的時候？承認吧，我們不知道生命會如何開展，也不知道未來該怎麼辦。困惑，說穿了就是生命的本質，但是人在成長過程中，卻鮮少有機會好好學習如何成熟面對自我的困惑，更別說如何處理或穿越它了。

我們對自己的困惑感到著急、不耐、沮喪、恐慌、憤怒……。於是，像是為了快速解決，甚至是逃避的心態，飲鴆止渴般好容易聽取了別人的意見與想法，在缺乏謹慎思考，絲毫沒有內化的狀態下，急就章似地，服膺於別人的指引與意見，朝著別人認為會更好的方向（你的意見呢？你認為呢？你的思考判斷呢？通通消失了）盲目前進，以為困惑就此煙消雲散，卻沒料到，當事情不如預期，當未來湧現更多困惑，我們只好變本加厲地，將箭頭指向那些過往提供意見的人身上，都是別人的錯……

你看見這其中的關連了嗎？

因為我沒有能力處理自己的困惑，所以順從了別人的模式，卻沒料到這模式可能根本不適用於自己，過去的我很乖，我聽從了，落得現在的我感覺很爛，因為我覺得自己被騙了，我走到一個我不想走到的地方，而這一切，都是別人的錯？

真的是別人的錯嗎？

是你，「選擇」隨波逐流。是你，「選擇」順從甚至盲從。是你，「選擇」自認無知並輕如鴻毛般地活著。是你，「選擇」輕易將自己的力量丟掉。是你，「選擇」廉價附著於他人的意志。是你，「選擇」漸漸失去自己的獨立性。是你，「選擇」讓自己的生命，逐漸爛泥化。是你，「選擇」擁抱了一個令人討厭，也讓你自己很討厭的受害者的人生。

當然，你也可以「選擇」為自己的人生方向負責任，那麼，這一個不同以往的選擇，或許人生困惑依舊，卻會讓你活得愈來愈有力量，因為你重新掌握了力量在手中。

請回到你的內在權威與策略，學習好好面對自己的困惑，然後以負責任的心態，活出自己，自爛泥中，長出一朵花，堅定、優雅又芬芳。

人類圖氣象報告．覺察關鍵字

#邏輯的通道63－4　#抽象的通道64－47

#回到內在權威與策略做決定　#非自己

07 就算看透，也要對自己溫柔

洞悉人情冷暖，敏銳看透底層運作的伎倆，是聰明。但這並不代表，在情感的層面上，你能毫髮無傷。

只要是人就會有感覺，不管那感覺是什麼，就算表面不動聲色，看似冷漠、就事論事、快狠準地將一切處理完畢，竭盡所能，讓自己活得俐落，你明白在當下，總要有所選擇，若任情緒紛飛，繼續攪和這團情感的稀泥，終究於事無補，事已至此，要堅強。

接下來，也許結束會來，分離與告別會來。你說，你知道，你也明白。

只是聰明的人容易看透，卻不見得真正看得開。

請回到你的內在權威與策略，記得對自己溫柔。日後，若有任何情感湧現，

請別壓抑也無須苛責自己，你的敏感、纖細與脆弱，與堅強並不牴觸。

不管堅韌和柔軟，都是你，愛你自己。

人類圖氣象報告．覺察關鍵字

#架構的通道43－23　#社會人理解迴路　#情緒中心　#意志力中心

08 別怕與人不同，你的風格會說話

不要害怕與人不同，你的風格會說話。什麼是風格？

那是你的氣場、你的展現、你的認知、你對這世界的想法、你的感受、你的經歷、你的真情流露、你無以言狀的倔強……。既然是風格，就會有你所喜愛的一切，也包含了你所厭惡的一切，你的呼吸、你的心跳、你說話的語調、你走動時在世界上移動的姿態、你曾經做過的努力、你曾經放棄過的遺憾、你的好習慣、壞習慣，各式各樣稀奇古怪的癖好，你那隱藏不住的天真，還有絲毫不世故，一閃而過睥睨與不屑的神情。

前述這一切，加上許許多多大大小小的元素，融合在一起，成就整個人的風格，而所謂的風格沒有好不好，更沒有對不對，只是單純簡潔存在著，為你獨有，無人可替代。

請珍惜自己的風格，看重自己。

與生俱來，你是獨特的，你的風格道盡了你如何與世界互動，如何愛著與被愛，是你活著獨一無二的印記。相信自己的風格會說話，會吸引正確的人來到身旁，當一個人閃閃發光，怎麼有可能會被這世界遺忘。

請回到你的內在權威與策略，不論是工作與生活，想像自己宛如植物向陽，搖曳著，快活展現著，以你的姿態，你的風格。

恣意而為，舒展綻放。

人類圖氣象報告．覺察關鍵字

1 號鬧門創意自我表現　# 1.3 持續創作的能量

09 回歸靈魂的基本面，活出光

太陽出來的時候，在陽光下跳舞，那麼，沒有陽光的時候，只要記起這愉悅的暖意，時時刻刻都可以跳舞，你是自由的。

不要習慣老氣橫秋地說話，不要繼續偽裝，不要以為塵世裡的虛榮與浮華會給答案，你學會的世故、麻木、強烈厚重的保護色，不是你，那不是你的本性，不是你的容顏，不是你真正開懷，滿足生活的時候，無比快樂的模樣。

生活中所有的禁錮與限制，不見得讓人受苦，真正苦的是忘記自己的本性，太多人以為戴上面具就可以，以為說些口是心非就可以，以為虛與委蛇是圓滑，委屈是成熟，日子久了，就此以為這大千世界極複雜，竟無處存放，你這一顆單純的心。

在陽光下跳舞，不管幾歲，永遠都會是孩子。

差別只是有些孩子稚嫩，有的年紀較大，有些比較老，甚至老很多，沒關係，**若回歸靈魂的基本面**，**都是光**，**是一道道漂亮的光**。

請回到你的內在權威與策略，活出真實，你是自由的。

人類圖氣象報告‧覺察關鍵字

1.2 愛是光

10 孤軍奮戰，讓自己發光

「我總是感到孤獨，一種沒有人可以了解我的孤獨。」

我常常在課堂上，或在做個案解讀的時候，聽見這樣的話語，語調中帶著一種試圖淡然處理的憂傷。

「你把孤獨講得像是一個很大的問題。」我通常會笑出來，「這世界上其實有很多很多人都感到孤獨，孤獨又如何？那只是一種狀態，你並不是全世界唯一感到孤獨的人。」

感到孤獨，覺得自己正在孤軍奮戰的時候，那只是代表著，你正在走一條沒有人走過的道路，如果這就是你人生的路，如果你很清楚這對自己來說意義非凡，別人覺得你是瘋子又如何？孤獨又如何？

你可以選擇黯然神傷，你也可以選擇感到無比興奮，因為誰知道呢？孤獨之後，可能接下來就是一片新天新地，讓你像哥倫布一樣，發現了新大陸，發現了一個從來沒有人到達過的境界。而且關於孤獨這件事，其實有一個祕密，大部分的人都不知道。

那就是……

當一個人孤獨的時候，才是靈感最多、創造力最旺盛的時候，孤獨這個狀態本身有著極大的豐富，足以滋養你的靈魂，淬鍊你的心志，寬廣你對生命的感受度與認知，成就你的深度，轉化你真正成為自己。所以，如果你感到自己正在孤軍奮戰，恭喜你，請收起你的憂愁，好好享受它，這是一個重要的關鍵階段，沒有孤獨過的人，怎能懂得人生真正的滋味。

請回到你的內在權威與策略，人生難免面臨孤軍奮戰的階段，那麼，就算孤獨，何不讓自己如星辰般發光，享受這無與倫比的時刻，這是專屬於你，偉大的旅程。

人類圖氣象報告・覺察關鍵字

#38.5疏離

#困頓掙扎的通道28－38

#多愁善感的通道39－55敏感的設計

11 成熟與自己同在

體驗這種事情很妙。

那些你以為早已結束，留存於過往的某些記憶與體驗，原本認為陳年往事自己早已放下，船過水無痕，卻沒料到，就在人生此刻，或者下一刻，伴隨著某種特定的體驗，過往某些感受突然像揭開面紗般，直直現身在面前。

人生如流水，不停歇，生命至此，已學會無法貪戀。

或許是世故，好聽一點可以說是成熟，我們已經知道，永遠的機率極難極渺小，若要說最永遠的永遠，就是永遠會有更有趣的事情，永遠會有下一件事情，下一個人，下一個從沒做過沒體驗過的事件，

任意推擠蜂擁至跟前，再度吸引我與你的注意力，再度引發我們朝不同方

向，各自奔馳而去。

既然早已不復以往，暮暮與朝朝，又何須在此刻，來撥弄心跳？讓人再度感受萬千的理由無它，這是來自更高層次的善意，讓我們有機會重新再看一次，再檢查一次，這個當下，自己的位置。

唯有如此，才能看見自己已經走了這麼遠。

過去這些折騰與淬鍊，讓你的內在生出更大的空間，更大的容量，透過時光與歲月的洗滌，不再憎恨，沒有遺憾，這不是逃避，也並非就此遺忘。你只是不管世界多紛擾，懂得輕巧放下，學會清明理解，你已經準備好容納紛擾的過往，也終於可以迎向嶄新的未來。

請回到你的內在權威與策略，就算體驗紛飛，都要成熟與自己同在。

端坐在內心，寂靜如神祇，尊貴如國王。

人類圖氣象報告．覺察關鍵字

#社會人感知迴路

#成熟的通道53－42

#足智多謀的通道13－33

#33號閘門退隱

12 羨慕，是你自己的投射

這世界上總是有人活得光芒萬丈，吸引著眾人崇拜羨慕的眼光。當你開始羨慕一個人，你看見的往往不是真正的他，你只會戴著粉紅色的眼鏡，執迷看著自己想看見的，虛擬對方的形象捧在手掌心，帶著預設立場，以為對方會這樣，會那樣，並且期待他會輕而易舉飛天遁地，充滿一大堆不切實際的想像。

好吧。那真的不是他，請把你自己的投射收回來。

你看著月亮，卻忘記自己才是真正的太陽。月亮本身不會發光，只是折射太陽的光亮，每一個你羨慕別人的特質，都是你值得好好開發自己的地方，倘若你本身沒有具備這樣的潛能，你才看不見對方的光華。

請回到你的內在權威與策略，不要開始莫名崇拜，然後走到最後又說，對方辜負了你的崇拜，把力量收回來，認真耕耘自己，讓自己有機會真正成長。

如此一來，有朝一日，你才能以自己的方式，自己的姿態，發光。

人類圖氣象報告・覺察關鍵字

五爻投射　# 1.5 吸引社會大眾的能量

13 聽身體的話

想像你的身體是一棵美麗的樹。

不同的樹種需要不同的氣候、溫度、濕度，需要深入扎根在質地適合的土壤裡，一棵健康美麗的樹，必定是以正確的方式被對待著，照料著，呵護著。順應四季，時節更迭，開漂亮的花，結豐盈的果實，不同季節呈現不同姿態，被天地的善意滋養著，盡情體驗這個世界的變化。

如果你願意聆聽自己的身體，身體有很多很多話想告訴你。

「我需要多點時間休息。」

「我暫時不想說話。」

「我累了。」
「我不喜歡待在這裡。」
「我想安安靜靜一個人獨處。」
「我想泡個熱水澡放鬆一下。」
「我想吃的時候就會吃東西，別勉強我。」
「我想好好睡一覺。」
「我想去運動，運動讓我快樂。」
「我想被好好觸碰，好好珍惜。」
「我喜歡這個人。」
「沒有理由，我想離開了。」
「有時候，我就是想好好哭一場，別擔心。」

對自己溫柔，對自己仁慈，就像一棵樹靜靜聆聽秋天的風吹過，放下抗拒，只需完整去體驗，體驗樹葉隨風顫抖時的興奮，還有面對未知，不由自主身體湧現出來，微細又不易察覺的恐懼。

我們無法阻止世界不斷變化，也停不了光陰轉動，但是總是可以靜下來，好好聆聽自己的身體說話，與身體和好，敏感地，體貼地，尊重地，好好對待它。

請回到內在權威與策略，暫且停下腦袋的紛擾與喧嘩，靜靜聽見身體想跟你說的話。

聽懂你自己。

人類圖氣象報告．覺察關鍵字

#46號閘門身體之愛

14 自愛自重，怎麼可能不成功？

過往的一切都已經過去了。

你體驗過的感受，經歷過的起伏，不管是好是壞，是如人飲水，是冷暖自知，是悲歡，是離合，都過去了，而你，站在現在這個起點上，不管目前成績如何，也不論你對自己滿不滿意，都很好，不是嗎？抗拒並不會改變什麼，一直回頭看又如何？沒有人能夠彌補過去，時光當然不會倒流，如果你願意放眼望向前方，不是有許多可能，正等待你去發掘嗎？

德國哲學家尼采說：「一切就從尊敬自己開始，尊敬一事無成、毫無成就的自己。」

他的意思是說，**不要看輕自己**，**更別妄自菲薄**，**好消息壞消息都接受**，**先懂**

得好好尊敬自己，接著改變生活方式，才會有機會愈來愈接近自己的理想，拓展自己的潛力，活得更精采。

請回到你的內在權威與策略，自重自愛，你怎麼可能不成功呢？充滿創造力的人是不會失敗的，全宇宙的好運都會匯集到你面前來，每一步，都是朝成功的路上邁進，每一天都逐漸活成內心渴望成為的人，去做值得奮鬥的事，懷抱希望，落實在每一天的生命裡。

人類圖氣象報告．覺察關鍵字

#足智多謀的通道13－33　#意志力中心

15 因為你很酷

不要擔心自己與眾不同，目前大家無法理解，可能連你自己都搞不太懂，甚至自認怪異之處，或許，才是你這個人真正的特色。

這個世界，正以我們無法想像的速度改變著，目前適用的規則與作法，在未來五年、十年、二十年，五十年內，極有可能全然被推翻。

未來，就是一連串不斷增添、刪去與重整的過程，在這過程中，宇宙會巧妙而神奇地，帶來更高的力量與祝福，帶領每一個人步向下一個階段。每一個階段皆不可或缺，讓我們得以蛻變至不同的層次。

你永遠無法知道自己的特色與才華，會在何時派上用場。

不要放棄或低估自己，天生我材必有用，有朝一日，那些現在的你還不懂，擔心沒人懂，疑似脫軌，看似無用的特色與才華，必定會在因緣具足之時，開始大放光芒，為這世界帶來更多美好與良善，超越現在的你所能想像。

相信自己，你做的事情一定會很酷，因為你很酷。

請回到你的內在權威與策略，尊重每個人各有其特色，也許這世界上根本沒有誰是正常人，我們只是各自怪異在不同的地方。

人類圖氣象報告．覺察關鍵字

#個體人通道群

16 無法逃避自己的才華

如果繼續討論下去，其實並沒有多大的意義。講來講去，人很容易掉入只想找證據的陷阱，你想證明自己是可以的，同時又想反駁自己是可以的，你多麼熱切渴望想相信自己的天賦，底層卻又拉拉扯扯，害怕真相信這事實，接下來就得承擔更大的責任，就要真的發光發亮，對未來可能展現的偉大與美好，莫名地感到畏懼。

你以為自己恐懼的是失敗，其實正好相反，這世界上有太多人恐懼自己成功。恐懼與失敗是如此熟悉，儼然成了慣性，經年累月醞釀成一種安全感的幻覺，而成功是如此陌生，讓我們誤以為遙不可及才是自然的道理。

不是這樣的。不、是、這、樣、的！

不要再逃避自己的才華，承認自己的偉大，把這些抗拒的力氣，轉個彎，思考如何能徹底發揮出來，如何讓自己舒展開來，如何真實被看見，如何懂得被欣賞，如何學習被接納、被愛，如何真正的生活。

請回到你的內在權威與策略，你無法，真的，到頭來終究無法逃避自己的才華，既然如此，那就好好發揮它。

愛你自己，這會是充滿創造力的一天。

人類圖氣象報告．覺察關鍵字

#32號鬧門恐懼失敗　#驅動力的通道54－32　#喉嚨中心顯化的力量

17 為自己的使命感而活

這輩子有沒有體驗過，為使命感而活，是什麼樣的感受？

最後能讓住在身體裡的靈魂願意點頭的，不會是錢，而是心之所向，看似微細卻堅韌，因為真心，因為有意願，而匯集成的那股暖流。

不要把所有的一切，都僅只於物質世界的考量，要留意那些讓你心動的片刻，會讓一個人心動的，不只是愛情而已，還有遠景，有理想，有寄望，如果能讓你真正微笑的答案，腦袋認為不夠務實，那又如何？

讓人動容或動心的時刻，都是指路的線索，若要真正完成此生的使命，無須等待什麼玄之又玄的天啟，一切其實很單純也很簡單：

請你，為自己的使命感而活。

請回到你的內在權威與策略，真實面對自己，不要忽略內在微細的渴求，不要輕言放棄，走著走著，你會發現竟然無形中，匯集了更多更強大的溫柔。

因為，你是暖流。

人類圖氣象報告・覺察關鍵字

#夢想家的通道41－30

18 全世界所有知識的唯一核心

就算上達天文，下通地理，學會辨認手掌上繁複的紋理，也識得銀河閃爍的星辰，拚命追尋，讓你收齊所有相關證據，集滿全世界所有神奇玄祕的知識，也終於得到了答案，然後呢？

關鍵不在知識。你知道了，並不等於改變，準備好碰觸最底層的核心你自己了嗎？

了解並接納自己，是一段探索的旅程。

知道，並不代表接受，知道只是一個開始，開啟了真正內化的過程。這過程不見得時時刻刻都美好，將箭頭指向別人是容易的，這也是身為人的盲點，我們總是這麼容易一眼看穿別人的問題，發表一些自以為聰明的意見，卻不打算看見，或者不斷逃避自己需要面對的課題。

若有任何事冷不防地牽動你的情緒，觸動你的心弦，要記得回過頭來問問自己，請誠實：關於我自己的是什麼呢？

別人有別人的課題，那是別人的人生，你有你的。

請回到你的內在權威與策略，你會發現，全世界所有的知識，皆指向唯一的核心：打開心，愛你自己。

人類圖氣象報告．覺察關鍵字

#24號鬧門回歸體悟

19 理直氣壯，活著

聽我說，你要好好的，理直氣壯地，活著。

就算每一天不如我們所期待，就算這世界事實上並沒有一直充滿愛，就算許多人還是說些亂七八糟連自己都不可能相信的話，就算有一大堆理由讓人沮喪，就算這是一個看似權威崩解、無法信任、無從依循的世代。

理直氣壯地，活著。

不管是快樂，或是痛苦，還是時時刻刻，感覺自己無能為力地，塞滿難以理解的情緒，帶著你的情緒感受它，而不是壓抑它或否定它，與你的情緒起伏一起，同時，不需要再把自己的力量，投射在一些其實已不存在的權威體制上，就算害怕，也不能阻擋你前進，這一切，都很真實，讓人體驗到自己的獨特性，讓人感受到自己的存在感，不是嗎？

對漫無目的的憂傷理直氣壯、對痛苦的情緒理直氣壯、對快樂幸福的想望理直氣壯、對沒有理由的失落理直氣壯、對自己的獨一無二理直氣壯、對不想再討好的自己理直氣壯、對過往的錯誤，誠實地接納如是，該怎麼處理就負責任去做，並對此理直氣壯。

你就是你，去做你選擇相信的事。

請回到你的內在權威與策略，沒有人可以跟你保證，這一切到最後一定會變得很好，因為這是一個選擇，而選擇權在你手中。擁有自己的力量，加油。

人類圖氣象報告．覺察關鍵字

＃20號閘門當下　＃18號閘門恐懼權威　＃34號閘門最偉大的力量

＃即知即行的通道34－20

20 你的天分，你有責任好好使用

每個人都有獨特的天分，不管你的才華是什麼，都是老天給你的禮物。

你會站在現在這個位置上，並不是意外，你被選出來擔任這個角色，也不是意外。所謂的菁英，所謂的市井小民，所謂的高層，所謂的低下，都不是重點，我們每一個人生來配備不同，能盡力的地方不同，在不同的位置上，各司其職，各自有其努力的方向。

珍惜自己的天分，好好發揮自己的才華。

你的聰明不是用來妄自菲薄，不是讓你淨講些聰明話，更不是讓你在內心錙銖必較，自認為高人一等而沾沾自喜。請把焦點放在更多人身上，若能以服務之心出發，你的聰明將會發揮更大的功用，讓更多人為此獲益，而活得更幸福，活得更好。你的聰明能讓你服務更多人，責任重大。

請回到你的內在權威與策略，別看低自己，也無須過度膨脹，沒什麼好比較的，你的天分是獨特的禮物，而你的責任就是好好使用它。

人類圖氣象報告．覺察關鍵字

#人類圖通道　#脈動的通道2－14

21 空巷的聚合與分離

現在，注視自己內在的思維與想法，想像你是一條空巷子，足以裝載各種的商店，可以容納各式各樣的人群，不論是寂靜空曠或者川流不息，可以存於不同時空，凝視萬千種風光，你是一條空巷，你是管路，你是通道，透過你，萬事萬物聚合與分離。

感受一下，現在充滿體內，是正面的思緒？還是負面的信息？察覺自己，別評斷。

正面也好，負面也好，都很真實，也都會逝去，如同白天與黑夜的巷弄，沒有好壞，只是截然不同的風景，人群來來去去，太陽昇起月亮隱去，快樂開心與惆悵愁苦，都輪流上場，風華絕代演出一幕幕。

戲，很真實，也是暫時的，何須入戲太深。

請回到你的內在權威與策略，如果焦慮著，先淨空，把巷子清掃乾淨，準備好，再迎接下一刻的風景，不要著急，心穩住了，一切好解決。

今天，先好好和自己在一起。

人類圖氣象報告．覺察關鍵字

#33號鬧門退隱隱私　#33.4為了再生退隱有益身心

22 對自己坦白，體貼亂七八糟的自己

住在身體裡的那個你，並不是時時刻刻都能符合腦中的標準。

雖然認為自己算得上是一個善良的人，也難免有時候會冒出不切實際的虛榮，忍不住會出現嫉妒，絕望或毀滅的念頭，雖說人人皆奉正面思維為最高準則，但是難以擺脫的不確定性，極容易讓你我開始質疑自己。

「百分之九十九的我是天使，但是啊，就是那剩下的百分之一……」

嘿！就是那百分之一的部分……，是你最值得好好去愛的自己。對自己坦白，若是有任何情緒或怨懟浮現，其實也只是換成另種形式來告訴你，有些界線，目前的你，還不能跨越。

請回到你的內在權威與策略，別勉強，安然面對自己這一面。這無損你的價

值，你的存在，你的美麗，好好擁抱，體貼這你以為看來亂七八糟的自己，這就是今日最關鍵的練習。

人類圖氣象報告．覺察關鍵字

#10號鬧門愛自己與恨自己一線之隔

23 有一天，當你被看見

努力，不會白費的。

這不是安慰你的話，你聽我說，是這樣的，那些表面上吸引眾人目光，突然間大放光亮的幸運兒，往往很少人知道，他們曾經默默地，長久以來用心認真，在暗地裡多麼努力。是的，努力，不見得一定會成功，但是，如果不努力，就連被看見的機會都沒可能。

你看見的幸運兒，他們最最幸運的，並非諸神眷顧，而是這輩子可以找到自己真正想專注投入的事情，好好經營，若是真能懂得自己，並且願意臣服於此，徹徹底底放手去做，將自己完全給出去，即使過程非常困難，需要很多努力，也不會感到痛苦，只要這堅持是來自內心的熱情與熱力，總會找到空間發揮自己的才華與創意，就算疲累，也不會洩氣。

如果你已經找到自己真心想做的事情，你是幸運的。既然如此，為什麼不專注放手一搏呢？

你當然可以繼續否定自己，繼續憤世嫉俗下去，但實話是，在一個人沒有全力以赴之前，是沒資格說自己沒天分的。

請回到你的內在權威與策略，有一天，當你被看見，那一天，一定會到來，只要這個當下的你，不要忘記原本的熱情與天真，願意相信，為自己而戰就會有力量。

我的朋友，加油！加油！加油！

人類圖氣象報告．覺察關鍵字

#驅動力的通道54－32　#34.3男子氣概

24 順應自己的韻律與節奏

以你的韻律，以你的節奏，循序漸進，無須匆忙，也別讓外來的事物輕易干擾了你，攪亂你的心。

如果要說不，就說不。

拒絕與被拒絕，不要凡事都自動化地歸納成自己的錯，真相或許根本與對錯無關，單純只是反映出彼此當下的狀態，是我們準備好了，又或者是我和你根本還沒準備好，如此而已。

每一段人生的道路，不管是工作或感情，我們常說講究緣分，而緣分究竟是什麼？不就是行至此刻當下，我的節奏與你的韻律，巧妙得以合拍，得以相應和。如果還不到時候，強求不得，只能回到各自生命的韻律，再一次，等待生命之流巧妙安排。

該喝茶的時候，靜靜喝茶，該吃飯的時候，開心吃飯，該睡覺的時候，安穩入眠。

請回到你的內在權威與策略，心平氣和，理直氣壯，順應自己的節奏與韻律好好過生活，信任而坦然。

外界紛擾之際，安定你的心。

人類圖氣象報告・覺察關鍵字

#韻律的通道5－15　#5號閘門固定的韻律　#35.1謙遜接受拒絕的能力

25 這世界上有高低貴賤之分嗎？

你真的以為，這世界上有高低貴賤之分嗎？

如何分類？用錢？還是權勢？你的身世？職場上的頭銜？你累積的學問與知識？你的資源？還是人脈關係？到底怎麼分？到底誰決定了，有些人可以高高在上？或者誰又要待在低下的那一邊？如果以上任何這些項目，讓你有所憑據，自以為就此活得高貴而尊榮，那麼，老實說，你的靈魂層次還有很大的進化空間。

不管在生命的任何層面，如果有人，選擇了你成為他們的領導者……

這並不代表你高人一等，只是簡單說明了，是的，你擁有了某些人格上的特質，或是實質上的資源，得以支持並協助更多人，讓他們的人生有可能因為有你，變得更好。

請把那些沾沾自喜的驕傲省下來，沒有人天生尊貴，也沒有人生來低賤，只需秉持一顆單純願意服務的心，就能帶著更多人去體驗更美好的體驗。

請回到你的內在權威與策略，謙卑去領略生命之流。

高與低，尊貴與卑賤，都是過程也都是假象，關鍵在於你是一個什麼樣的人，你是誰。

人類圖氣象報告・覺察關鍵字

#G中心　#44.5操作　#44.6超然　#31.4意圖

26 哎呀，你看不見我眼裡看到的你

你呀你呀你呀，你看不見我眼裡看到的這個你，你才不知道我眼中看見的這個人有多美麗，你只顧著看著別人正發光發亮，但是呀，卻看不見自己有多麼好。

你真的很好，我講的並不是你很完美，其實完美這件事情還蠻無聊的，你真的不必把自己自然又獨特的模樣，硬要塞進一個號稱「完美」的模型裡。

在我的眼中，你就是你，很真實，我知道你會發脾氣，也知道你有時候會變得很拗很固執，有些事情你非常擅長，宛如天才，可是呀，遇到某些事情你又容易退縮，你可以讓大家好開心，你也有很討人厭的時候，有時候你好直白，也太直白，有時候你又九彎十八拐一點也不坦白，不管怎麼樣，這就是你，很真實。

不要因為別人對你抱有期待而心慌，面對讚美也不必急急否認，謙虛固然是美德，如果別人對你讚賞有加，一定是他們看見了你獨特的美，何不相信這些美好的回饋，你只管放心展現自己的才華。

哎呀，你你臉紅了。

請回到你的內在權威與策略，讓我們一起練習肯定自己，每天每天都愈來愈喜歡自己。有一天，你會願意看見自己的好，就像現在我看到的你一樣。

人類圖氣象報告．覺察關鍵字

#投射者　#意志力中心

27 開始，是最美的方式

我想重新開始，乾淨清晰的，沒有憂鬱牽扯，不再遺憾愧疚，也不想繼續被羈絆了。

雖然，我還沒有把握一定能達成內心的想望，雖然，有時候想起你還是會忍不住想哭。我但願自己能聰明一些，徹底看透，或者乾脆傻一點，直接忘記，但苦惱的是，我偏偏卡在這中間，不聰明也不傻，空剩活著的志氣，想著，想著。

總得要從某個起點開始，不管多微小，就此萌生新的志向，做出嶄新的決定。

畢竟，要活得不一樣就得添加新鮮的，興奮的，刺激的，讓人可以成長的元素，就算不熟悉也很好，才能真正成為滋養，讓我活得向陽而無懼，充滿朝氣，每一天進一步，逐步坦然長成自己真正渴望的模樣。

不再回頭，因為回頭已經沒有你，也沒有我了。

請回到你的內在權威與策略，開始朝著夢的方向往前走，以我的步伐與節奏，明快而輕盈，走在陽光裡，我為自己感到自豪，相信你必定也會以我為傲。

這是一個開始，也是我選擇愛你，與愛我自己，最美的方式。

人類圖氣象報告・覺察關鍵字

#53號閘門發展　#53.1累積

28 世界上的人何其多

如果飛上晴空，俯視人世間，我們會看見什麼樣的風景？

這世界上的人何其多，每個人行色匆匆，各有各的執著，各有各的才能，天天都有相遇，也天天都在離別，不能免俗表面看似灑脫，底層卻仍是各持己見，頑固地，以僅有的觀點，狹窄衡量這一切。

別惱怒，也別憎恨那些與你看法不同的人，深呼吸，放輕鬆。換個角度想一想，就是因為這世界上的人何其多，就是因為人人想法皆不同，所以我們才需要截長補短，才會出現相互合作的必要性。

別忘記，就算這世界上的人何其多，卻只有一個你。

無須用盡力氣對抗，也不必強迫任何人得同意你，值得好好想一想的是：我該如何經營自己，如何發揮自己的獨特性，讓自己在專屬的領域，成為無可取代的那一個。

請回到你的內在權威與策略，看得長遠一點，對自己也對這個世界更有耐性一些，繼續努力做你該做的事情，學習你真正想學習的事物。

終有一天，屬於你的時候會到來，你的獨特性會說話，你的存在自有其芬芳，就算這世界上的人何其多，你都能貢獻一己之力，閃閃發光。

人類圖氣象報告．覺察關鍵字

#個體人通道群　#23.3個體性

29 那些你認為該糾正的事

「我曾經認為人生最糟的事，就是孤單的老去。但其實不是。最糟糕的是，當你老去時，身旁有個讓你覺得孤單的人。」

——羅賓．威廉斯（Robin Williams），好萊塢知名影星

那些你認為該糾正的事，何不回頭想一想，一開頭是怎麼開始的？當時你的起心動念是什麼？一開始如果錯了，很難在過程中對回來。其實這樣也很好，你會從中學到很多，最後你會看見行不通的癥結點，往往都落在大方向，一開始出發點的謬誤，對整體運作架構的誤判，導致最後再怎麼糾正，也無法圓回來。

就像每段關係一樣，開始一段關係，你是因為真心喜愛對方？還是害怕孤

單？誠實問自己這一題，你早就知道答案了，不是嗎？

不必用力糾正些什麼了，該過去的都會過去。從現在開始，每一刻都可以回到內在權威與策略，隨時都是開始，要開始什麼都好，記得別再勉強自己了。

人類圖氣象報告．覺察關鍵字

#18號閘門找出錯誤的能力　#批評的通道18—58　#18.2絕症

30 當一個人過得不好

有時候，你遇到有些人很龜毛很機車，得理不饒人，根本是沒來由存心與你為難，請記得，不必立即反應、回擊或以言語相激。

往後退一步，先讓自己置身事外。

當一個人過得不好，就會有意識無意識地，認為全世界都與他為敵，而你，正好被他歸在全世界的那一邊，那些惡劣惡行惡狀，只不過反映出對方存於內在的抗拒，好笑的是對方對抗的是自己的陰暗魔障，其實真的不是你，當一個人一直過得不好，這些不開心就會累積成身體各種病痛，很難避免。

善良是選擇，選擇這個選項的人必須先讓自己過得好，當一個人過得好，善待自己，才有餘裕可以體諒。若是順流而行，世界自然與你站在同一邊，春去冬來，花開花落，何須對抗。

所以當有人做了某些事，說了某些話，讓你心生不悅，請轉向祝福對方，希望未來他也能過得好。因為你過得很好，所以你不介意，你有餘裕可以歡喜，可以祝福，可以選擇善良。

人類圖氣象報告．覺察關鍵字

#空白直覺中心非自己　#空白情緒中心的智慧

31 這世界好不好，你好不好？

每一個人都以自身的體驗，來感知這個世界，體驗是主觀且狹隘的，而整個世界的體驗，是每個人體驗的總和，宛如一塊繁複切面的美麗水晶，各種折射面，各種顏色、光線、角度、色澤，時而深邃神祕，時而光彩奪目。

會有閃亮的時刻，當然也會有暗黑的時候。一群人陪伴與依賴，更顯一個人的孤單，當集結每個人的孤單，卻又能轉化為安慰，安靜療癒了你，讓人覺得這一切，其實也沒那麼壞。

這個世界好不好，你好不好？

深藏於內在的憂鬱，再沒多久，將轉化為洞見，讓我們對既定的運作架構，產生全新的見解。在那之前，若感到孤獨，不要迴避，練習擁抱並享受這樣的體驗。

你就是一整個世界，完整，無缺。

人類圖氣象報告・覺察關鍵字

#個體人通道群組　#架構的通道43－23　#憂鬱的通道39－55

第 2 章

不是沒有路，只是還沒到

32 行板如歌，以你的方式來

不要想著自己好失敗，會失敗。

這一趟人生的旅途，你沒有任何人要打敗，競爭的心容易混淆心志，如果看得更深，輸贏並不存在。這過程只是讓你明白，要回到自己的方式，遵循內在的節奏，穩扎穩打，繼續往前走，走到成功的終點到來。

我和你，都一樣。

有些事情做得很好，有些則搞砸了，有些人在生命中洋溢光明與愛，有些人則帶著傷痛與黑暗。我們各自扮演著生命中的主角，也同時成為別人旅途中的配角、過客、歸屬、離別。

每個人都以獨特的方式，在生命裡體會自己的體會。

比較是愚蠢的，而你也別再攻擊自己了，放下無益的執著，今天請好好練習中立而客觀，肯定已經行得通的，成功會帶來更多成功，也清楚檢視早已行不通的，在日後好好從中成長，從中學習。請回到你的內在權威與策略，生命是一章如歌的行板，請輕快向前行，以你的方式來。

人類圖氣象報告・覺察關鍵字

#發現的通道29－46　#32號閘門恐懼失敗　#35號閘門改變

33

繞路去看花，也看見自己的靈魂

快速真的比較好嗎？效率真的是一切嗎？

如果走捷徑，也許能快速到達終點，卻極容易錯失過程中的種種體驗，若人生這條路，最後贏的標準並非迅速達標，根本沒有什麼終極揭開謎底的時刻，根本沒有贏的標準，沒有比較，只有過程中種種體驗與領會，敏銳又細膩，唯你所獨有。

如果最好的道路，不見得是最快的那一條，你會不會改變自己的選擇？你會不會有不同的作法？

腦袋層面所認知的錯誤，只不過是讓你巧妙繞了路，總是要轉這個彎，過了這個檻，才能恍然大悟，重新看見這一季的花開，迎著晨曦，迎著風，繞路去看花，順便也一起看見了自己的靈魂，原來可以活得純粹又自在。

請回到你的內在權威與策略，**別急著挑錯、認錯、指錯，提醒自己，或許這一切並非錯誤而是鋪排，你別急。**

再走遠一些，你會明白，生命中的美與愛。

人類圖氣象報告．覺察關鍵字

#無常的通道35－36　#好奇心的通道11－56

34 失敗，是一種經驗

「你一生將會受傷很多次，你會犯錯，有些人會稱之為失敗，但我發現失敗其實是上帝的話語，祂是說『抱歉，你走的方向錯了』，那只是個經驗，失敗是一種經驗。」

——歐普拉（Oprah Winfrey），美國脫口秀主持人

開始你是天真，是良善，是並無所求，於是選擇投入。

只不過，你的天真無法保證會有立竿見影，如預期一般的好結果。人生在世，迎面而來許多挫折、失敗、打擊、不順遂，使得芸芸眾生忍不住開始質疑、自憐、暴躁、不滿，或者更容易地，將一切歸咎於別人的錯誤。

嘿！你的天真，並不等同於順利。

許多事情總要真正去行動之後，才發現原來需要調整，需要更加努力，一開始的天真，讓人勇於投入，接下來也要仔細思考與評估，客觀檢討，從中學習。

失敗是一種經驗，失敗並不代表你得否定當初的天真，也不必合理化，或神化失敗有多偉大，失敗是中立的，是諸多生命經驗中的一種，其中蘊藏啟發與改變的可能。

請回到你的內在權威與策略，平常心，看清楚失敗要傳遞給你的訊息，重新準備好，再請繼續大步向前。

人類圖氣象報告・覺察關鍵字

#三爻人嘗試錯誤勇敢向前 #25號閘門天真 #42.3嘗試錯誤

35 跟自己說話，說出一朵花

前陣子，我有幸去上了一堂魏世芬老師的聲音課程，魏老師除了教導正確的發音方式，她還說了好多讓人懷想無盡、深具啟發的話。

有一回，我記得魏老師說：「想像你說的話可以化成一朵花。」她在嘴巴旁比出手勢，優雅地畫圈圈，像是在空氣中的一圈圈漣漪，然後呀，反覆迴響迴響著，像是聲音與心意都可以隔空傳遞出來，只要心意具足，必定能讓對方收到。

最近，不論手邊的事情正僵滯、正失控、正讓你心浮氣躁，或者根本無暇顧及自己，忙得茫茫然……

若是內心開始冒出絲毫怨懟，煩悶，不爽，何不轉念想一想，若是目前就是如此，掙扎依舊，不管你喜不喜歡，順利與否，那麼煩躁又何用？

你真的可以，靜下來。

靜下來，安定自己的心，跟自己說說話，這不是莫名要你說些好聽話來安慰自己，而是想一想，我如何跟自己說話，說出一朵花，馨香又芬芳。

當你照顧好自己，才能想得更遠，我如何與這世界上其他人說話，清楚並高雅，傳遞我的心意，讓彼端可以真正明白，讓這個世界就算在寒冷的冬季，依舊可以溫暖地開出一朵又一朵善意的花。

請回到你的內在權威與策略，在這個亂糟糟的世界裡，我們擁有彼此，好溫暖，不是嗎？

人類圖氣象報告．覺察關鍵字

#喉嚨中心　#架構的通道43－23

36 追尋答案到最後

追尋答案到最後，得到的答案本身都很簡單，真正困難的是，我們不願意接受它。

像是死亡，像是分離，像是結束，像是愛與不愛，像是我失去了你，不管暫時的、永遠的、因為誤會或推托成命運的安排，每一回，需要放手的時候，說再見的時候，總是讓人難以吞嚥，無法坦然。

而逃避的方法就是：立即的，好聰明的，在腦袋中衍生出好多為什麼。

為什麼會這樣？為什麼會那樣？為什麼在我依然愛著你的時候，一切就此戛然而止？為什麼世事如此無常？為什麼要有離別？為什麼一切突然沒有任何預警地轉變了？翻山倒海的為什麼，像是一襲輕柔的黑紗，蒙住了雙眼，也悄悄地緊閉上心門。

我們以為只要繼續問著為什麼，就能自欺。只是呀，追尋答案到最後，答案並不重要，答案對停滯的現況，無法帶來不同。

你一直都知道的，不是嗎？

請回到你的內在權威與策略，答案不難，難的是，你準備好接受了嗎？真正接受，才能重新做選擇，好好生活。

以你的步調與節奏一步一步來，不急，加油。

人類圖氣象報告‧覺察關鍵字

#4號閘門答案 #60號閘門限制 #突變的通道3－60

37 為身體做一件事

今天就為自己，不為別人，做一件讓身體更健康的事。

敏銳察覺身體的需求，單純為自己而做，不需要搞得很複雜，也不必是個壯舉。很簡單地，你可以換上球鞋去跑步，當成是環遊城市的微小旅行，也可以興之所致，到菜市場買些新鮮食材，回家以喜歡的方式料理，若是感覺好懶惰，就找家舒服的咖啡館，以悠閒的心情，重溫一杯好咖啡的香氣吧。

你一定知道自己喜歡什麼，只要你願意，讓身體告訴你。身體感到快樂的時候，很容易分辨。

那是一種全身的細胞似乎都慢慢張開的感覺，感官都變得更加敏銳，單純回應萬事萬物，全世界的美好會自然流動進來，順著呼吸，隨著心跳，體驗到靈魂被妥善裝在身體裡，一切皆有歸屬，不需勉強。

請回到你的內在權威與策略，這很簡單，也很划算，相信身體會有力量，帶領你愈走愈遠，愈活愈好。

人類圖氣象報告．覺察關鍵字

#46閘門身體之愛　#56號閘門刺激

38 那些沒有給你的機會

不要覺得遺憾，過去那些沒有給你的機會，沒賞識你的人，他們並沒有錯，你也沒有錯，這樣的安排並非錯誤，這看似蜿蜒的道路，要讓你看見的是不同的風景，你才能懂得更多，體會更深。

如果沒有走過這一段路，沒有度過看似折騰的時光，人很難成熟。畢竟，腦袋要知道容易，要身體在體驗上收到，需要扎扎實實歷練的累積，若是當初幸運之神輕易眷顧了你，反倒狹隘了你的發展，讓你淺薄地自以為是，無法真實生活，成長反倒變得極為有限。

忿忿不平、埋怨時不我予、感傷、遺憾、咆哮自己所經歷痛苦、無法原諒……悲傷韶光荏苒，青春不再，又如何？那些沒有給你的機會，本來就不屬於你，若人生裡頭沒有添這些柴火，我們如何燃燒並淬鍊出真正的自己。

請回到你的內在權威與策略，等你準備好自己，對的機會必定會巧妙現身，要有信心。

人類圖氣象報告．覺察關鍵字

#分形線　#46.2自命不凡　#成熟的通道53－42　#情緒波

39 如果這是你的道路

如果這是你的道路，這條路會來找你。

在那之前，請你放下自欺欺人的理由，不再摀住明亮的雙眼，你只需靜下來，仔細聆聽，任何來自四面八方的召喚，都是線索，都是提醒，都是愛的指引。

人生最奇妙有趣的是，當你明白腦袋所製造出來的紛擾、莫名的掙扎，都是徒勞無功的行為，當你開始專注於每個當下，讓自己活出真實，不再抗拒來到面前的一切，當你坦然的，謙遜的，接受你可能不太理解為什麼非如此不可的安排，不再浮躁，靜下心來從中學習，沒多久，就會發現，一扇又一扇全新的門，接連為你打開。

每一次試煉都是引領你，每一次都能洗滌你，鍛鍊你，提升你，讓你準備好，走上自己的道路。

請你有耐心，不僅對自己，也對宇宙的安排多很多很多的信心，真正的老師從未失去一顆做學生的心，每一步都是學習之路，就算嘗試錯誤也是很好的過程，為我們累積珍貴的智慧與歷練，而每次讓人顛簸苦痛的經驗，都是奇妙的淬鍊，淬鍊你的心，為未來的你，奠定穩固的根基。

（讓我告訴你一個祕密，其實呀，路，一直都在，只是你有沒有準備好看見它而已。）

請回到你的內在權威與策略，不斷學習，準備好自己，就是今天的課題。

人類圖氣象報告．覺察關鍵字

#脈動的通道 2－14

40 那些看似微細的事物

請留心那些看似微細的事物，容易疏忽的細節之中，往往藏有解決問題的線索。要如何讀懂細節裡的線索？除了張開眼睛好好看，請你打開耳朵好好聽，用心去感受。

無聲之中，空氣中流轉的氣息，季節轉換之際，每一個心靈被觸碰的珍貴瞬間，那些隱隱流動的弦外之音，就算無人說得清，都是山谷裡轉折的回音，是海洋波動掀起的浪濤，是星辰漫空移轉的軌跡，就算無法身處同一個空間，如果願意相信，閉上眼睛，就能靈犀相通，懂得彼此的心意。

如果你留心，處處是線索。

就算掙扎，掙扎的過程不見得舒服，卻極為珍貴，這是人生中難得能反芻與醒覺的時刻，路徑終將顯現，生命的意義總是在悄然轉身之際，就此揭曉。

在那之前，請回到內在權威與策略，盡責做好該做的事情，重視細節，全力以赴。

人類圖氣象報告．覺察關鍵字

#62號閘門處理細節的優勢 #62.3探索－處理細節的天才

41 你不需要那麼多

你不需要那麼多，不要被腦袋衍生出來的貪婪騙了。

你不需要狂購一堆如小山、便宜合成的當季衣物；你不需要喝一大杯含糖飲料，尋求血糖激增的廉價振奮；你不需要折磨自己的腸胃，為了划算而非得吃到飽才行；你不需要虛榮地，用力爭取全世界的人成為你的朋友；你不需要眾人表面虛假的贊同；你不需要那些匱乏又不真實的愛；你不需要擁有權勢，家財萬貫，功成名就；你並不需要，你不需要那麼多，那是貪婪，那是你製造出來，框架自己所衍生出來的騙局。

追求小確幸的真相，並非是胸無大志，不求上進，而是看過千山萬水之後，繁華虛榮終將落盡，貪婪讓人瘋狂，遠遠不如此刻當下，內心感到平安，得以靜靜喝上一杯茶。

幸福不是擁有全世界，你不需要那麼多。

那原本以為無法放下，其實與你的本質無所關連的瘋狂渴求，就算真的擁有了，反倒成為肩上沉重的負擔。

請回到你的內在權威與策略，執著於你認為有意義的事情，你早就得到自己所需要的。

今天，是學習懂得滿足的一天。

人類圖氣象報告．覺察關鍵字

27.3 貪婪

42

不要回頭看，放心往前走

從今天開始，開始另一段嶄新的路程。

該說再見的，不見得只存於表面形式，還有在精神層次上，與過往的告別。

不要回頭看。

這不代表我們忽略過去發生的危機，或是不再注視之前的失序，而是透過這段歷練，漫漫長路走到這一步，我和你已經夠成熟，明白真正有能力的人，渴望有所創造的人，何須翻攪彼此的苦痛，要維持活力，勇敢往前，迎向未來的挑戰。

不要回頭看，哭或笑都好，沒有遺憾。我和你都已經在過去的每一個當下，做了各自可以做的選擇。

如果對自己很真實，很誠實，你知道這與輸贏無關，也超乎對錯的範疇。每一次堅持，每一場奮戰，每一次說話，每一個決定，你知道的，都不是為了向任何人證明，很單純地，只是與自己的覺知更靠近，讓蛻變的精神與靈魂合一，穿越再穿越，就這樣脫胎換骨蛻變了，是奇妙又充滿祝福的過程。

請回到你的內在權威與策略，你是戰士，肯定自己，以自己為榮，放心往前走，一定會走出一片繁花盛放、春光爛漫、充滿光亮，好美麗，美麗無比。

人類圖氣象報告．覺察關鍵字

#55號閘門豐盛　#51號閘門回應混亂與衝擊

43 做到之前，看來總像不可能

當外在的世界紛亂而荒謬，混沌之中讓人忍不住開始起疑，是否強權即公理？如果每個人皆有存在的價值，那麼我選擇為此而戰，毅然而然決定投注心力的一切，到最後，是否能走到盡頭？是否會有答案？

強權，只存於外在，那是表面上看起來，我們因為恐懼，而以為終得屈服的假象。真正的力量，足以與強權相抗衡，來自於每一個人的內在，選擇要不斷地堅定下去，不動不移的意念。

挫折波濤不可免，那又如何？

南非前總統曼德拉（Nelson Mandela）說：「做到之前，看來總像不可能。」—作法永遠可以調整再調整，只要熱情依舊在，就能堅定不移，做好當下該做的事，每一天，都不要洩氣，要全力以赴，活出自己。

請回到你的內在權威與策略，只要有心，有一天，我們都能完成原本以為不可能的事，成為一個更勇敢的人。

（大聲打氣）一起加油！

人類圖氣象報告．覺察關鍵字

#32.4 強權即公理

#56.5 不尋常的改革與創新

#57.5 建立新形式

44 我們要的不是煙花，是長久

天真並不是無知，而是願意相信就算此刻的行動，不見得會成功，就算這一切在表面上貌似徒勞無功，都願意在當下的每一刻，真實回應內在，勇敢表達自己所選擇的態度，站出立場，為相信的人事物，奮戰到底。

許多事情無法立竿見影，因為進化的過程蜿蜒曲折，並不容易，但如果看清楚一切就是這麼不容易，自己到底該怎麼做，反而會變得超級容易。

因為沒有捷徑，沒有。

所以，好好專注地讓自己走這一步。如此一來，就有可能再走一步，接著會出現下一步，然後再下下一步，不知道會多久，沒人知道，或許很快，不預期地，下一秒天空就會出現曙光。

當每個人都全心全意準備好，就可以開出那一朵朵飽滿的花。請回到你的內在權威與策略，活在當下，明白當下執著的並非輸贏已定，是長遠之後，所謂的天真點燃了炙熱的火，促進進化，讓一切終究開始，有所不同。

不容易，但是並非不可能，我們要的不是煙花，是長久。

人類圖氣象報告．覺察關鍵字

#30號閘門燃燒的火焰 #25.1無所求的行動 #32號閘門持久

45 宇宙會溫柔回答你

那個你一直存在內心，對自己長久以來的質疑與不確定，長久以來，不斷幻化為一大堆疑惑與混亂，籠罩著你的心，如黑暗的陰影。

（我可以嗎？我做得到嗎？我可以去愛嗎？有人會愛我嗎？）

當一個問題自心口上跳躍出來，然後，當你說出口，將組合成問題的每一個字、每一句，發聲成音成調，在這世界上被溝通了出來，那一刻，在寒冷的空間裡，你的疑惑微微凝結似地，又輕輕化為一陣輕煙。

你問了這個問題，你不知道答案。

或者我們應該這樣說，你問了一個問題，但是「現在的你」還不知道答案。

在不確定的時候，人總愛問問題，以為要先得到答案才願意承諾，殊不知，宇宙運行的方式並非如此。

當問題出現，在前方的某個時刻某個角落，答案也必定誕生了，等待著你，以你的方式去揭露它。

你的問題不是一個坑，更不是障礙，而是一支引領你前行的箭，就算現在看不見任何證據，都可以帶著自己的問題，每一天，成長、生活，就算問題與答案之間，其中的距離遙遠如汪洋，你都要以自己的方式，走過去。

不走怎麼知道呢？不去體驗怎麼會了解呢？

請回到你的內在權威與策略，堅持下去，答案在哪裡？有一天，宇宙必定會溫柔回答你，等你準備好自己。

人類圖氣象報告．覺察關鍵字

#等待回應　#29號閘門毅力　#29號閘門堅持排除萬難必然會得到應有的回報

46 老天爺的時間表

若是生活中各種瑣碎的限制，讓你莫名焦躁，開始衍生出許多你認為是「不好」的感覺，記得，老天爺並不是存心捉弄你，只是祂的時間表，與你所預期的版本不相符。

所以呢？你要為此暴跳如雷？心情沮喪？懷憂喪志？怨天尤人？讓感覺操控了你的心性？還是你能練習有耐性，優雅且坦然，接受當下的限制？

體驗每一個微細的感覺，與自己親近，同時也要保持清明，清楚這也不過就是當下的感覺，今天感覺好，明天感覺不好，上午如果感覺快樂，下午可能莫名沮喪，感覺很誠實，感覺極重要，感覺是燃料，引動每個人底層的渴求，感覺也很虛幻，來來去去，沒什麼確切的道理可依循，這一刻升起，下一刻消散，宛如雲煙。

感覺是感覺，感覺起落來去，世間事是世間事，有其時序漸進。放長遠來看，當下的限制並不是壞事，而是讓一切彙整齊全，在諸事具備之前，必經的過程。

愈是亂糟糟的時候，愈是讓人練習平穩的好時機。

請回到你的內在權威與策略，體驗你的每一個感覺，祝大家每天都能過得很有感覺，同時，也帶著更深刻的理解與清明。

人類圖氣象報告・覺察關鍵字

#30號鬧門燃燒的火焰 #認知到自由是幻覺 #30.1沉著 #面對失序平衡沉著

47 看似虛無的信念，是強大的源頭

在沒有任何證據可以證明之前，你都願意付出、願意耕耘、願意一步接著一步務實往前走，這就是信念的力量。

「信念」看似虛無，事實上卻是一股最強大的源頭，其力量足以支持你走到底，得以成功。

所以，當你每一次心生質疑，不管質疑自己或別人，甚至懷疑起整個世界是不是有病，都請你先好好靜下來，溫柔問自己，這是我的心帶領的方向嗎？

如果答案是肯定的，那麼，如同德蕾莎修女所說的「不要因為害怕被辜負，就放棄至真至善的追求，無論如何，一定要去愛」。你何不以一種「無論如何」的態度，點燃熱情，勇敢去追求呢？到頭來，穿越世間虛華的表象，每一個人都只能相信自己所相信的，去創造屬於你的實相。

今天，請回到你的內在權威與策略，用心做好每一件事。行遠必自邇，相信就會帶來力量，你可以在每一步及每一個微不足道的細節中，體驗到無與倫比的快樂。

人類圖氣象報告‧覺察關鍵字

#29.2 堅持與否謹慎以對　#2 號閘門自我方向

48 創意誕生前的一片黑暗

創意閃亮登場前，通常你得先經歷過一段黑暗期。

處於黑暗期的當頭，極容易讓人感到抓狂與恐慌，前方看不見明確的方向，也不知道蛻變究竟會不會發生，自然會有前方茫茫，烏雲罩頂的幻象。

這是一場宇宙為你量身訂做的試驗，如果深陷恐懼，被黑暗力量吞噬了，那麼靈光乍現的難得瞬間，你可能會因而蒙蔽了雙眼，反倒什麼都看不見。

就算黑暗，練習開放於這片未知，讓它洗滌你的心，讓它洗去所有不屬於你的恐懼，坦然把自己清空，準備好，才能迎接接下來奇妙的安排。

請回到你的內在權威與策略，經歷黑暗之後，創意會誕生，新方向將出現，愛與光會迅速將你溫柔環繞，因為你是光，你也是愛。

人類圖氣象報告・覺察關鍵字

1.1 創意獨立於意志之外

49 春來，草自生

有時候，你只能順著自己內心的節奏，往前走。

就算你並不知道接下來會如何，其實，真的不必理會別人對你的期待，只要回到每個當下，好好呼吸，與自己在一起。穩定地，放鬆地，順從身體的指引，以你的步伐，只有你自己知道何時該快或該慢，真的不用著急，你將發現整個世界在面前漸漸舒展開來，宛如天光穿透黑暗，從地平面的盡頭，明亮起來。

只要繼續走，走著走著，不知不覺就穿越了夏天，然後當葉子落下，你恍然大悟秋天已經來訪，就算嚴峻的冬天來了，也不會忘記相信的力量，沒有傷痛不會癒合，沒有過不去的關卡，總有一天，春天將翩翩然輕巧來到我們身邊，到時候，何不閒來無事坐，一起靜看，春來草自生。

每一次，踏出的每一步，都在無形中建構出自己的未來，你要對自己有信心，只要順著內在的節奏，往前走，一步一步，你會走得好遠好遠，看到這個世界好美好美，體驗到，這就是愛，這就是幸運。

親愛的，請回到你的內在權威與策略，穩健而平和地，勇敢去愛，愛你所愛，過好這一天，過好每一天。

人類圖氣象報告．覺察關鍵字

#3.6 最終的成熟是明白掙扎徒勞

50 不要輕易背叛自己的靈魂

這個世界每天都在上演類似的戲碼，人願意挺而走險，去得到自己認知的勝利，然後，自顧自地以為：「如果贏了這一次，我的人生就會徹底翻轉，有所不同。」若人活著，只為了勝利，不惜與魔鬼握手，到頭來將發現，失去了自己的靈魂，而人生其實並沒有變得更好，也沒有什麼不同。

請超越勝利與失敗的範疇，看看自己的生活。

古人講的還是非常有道理，勝不驕，敗不餒。請從你的勝利中學習，也向你的失敗致敬，人生不管起落之際，順逆與否，又或是別人如何對待你，到底公不公平……，我們都可以從中滋養自身的靈魂，體悟到屬於自己，不枉此生的意義。

請回到你的內在權威與策略，察覺每一個決定的出發點究竟是什麼，不要輕易背叛自己的靈魂，有時候原則雖然看不見，卻是一個人的精神所在。自重，這個世界才會尊重你。

人類圖氣象報告・覺察關鍵字

#意志力自我價值 #28.2與魔鬼握手

51 順應內在韻律，喝杯茶吧！

今天的人類圖氣象報告，就讓我引用網路的一則小故事來開場吧！

總是有些辦法可以處理生命中所發生的一切，就算這個辦法只是坐下來，享受我們最後的一杯茶。以下這個故事是同事跟我說的，他曾經在第二次世界大戰時參加英國陸軍。

這位同事當時還是個年輕的士兵，遠離家鄉，在緬甸的森林中巡邏，他感到很害怕。不久，偵察員跑回來報告隊長一個駭人的消息：巡邏隊無意間進入日軍範圍，巡邏隊的人數遠遠不如日軍，已經完全被包圍。這位年輕的士兵聽到這消息，心想這下子準備壯烈犧牲了。

他以為隊長會下令突圍，奮力戰鬥，這不就是男子漢會做的事，就算只有一個人能活著出來。不然，他們將和幾個敵人一起同歸於盡，這才是軍人做的事。

可是，這位士兵並非隊長。隊長的命令是：所有的人都不要動，坐下來，並且泡一杯茶。究竟，這還是英國的軍隊啊！

年輕的士兵想：這位司令官一定瘋了，哪有人在被敵人包圍，既沒出路又即將死亡的時候，還惦記著一杯茶呢？

在軍隊裡，尤其作戰時，得服從命令。於是，士兵們都泡了自己的最後一杯茶。那杯茶都還沒喝完，偵察員又跑回來跟隊長耳語一番。隊長馬上招呼士兵們，宣布：「敵軍已經離開了，現在有個出路了，趕緊安靜地打包行囊。我們離開吧！」最後，所有人都安全逃出來。這就是在多年之後，他還能跟我講述這個故事的原因。

同事說，這位隊長的智慧救了他的命。不僅這次緬甸戰役，在那之後還有很多次。好幾次，當他生命儼然已被「敵人」圍困，寡不敵眾，沒有出路，只有死亡一條路之時。

所謂的「敵人」，可能是嚴重的病、嚇人的困難與悲劇，彷彿在那之中似乎沒有出路。如果沒有那次緬甸的經驗，他一定會試著在問題中奮戰突圍，而且毫無疑問地，在過程中愈弄愈糟。可是現在，當死亡或導致死亡的麻煩，四面八方地包圍他時，他只是坐下來，並泡一杯茶。

這個世界總是在變，生命就是不斷地變遷。他喝他的茶，節約他的能量，並等候時機。時機總會來的，屆時他就能做出有效率的事；譬如，安全地離開。

至於那些不喜歡喝茶的人，請記住這句話：「當無一事可做時，便一事不做。」

年輕的時候常常以為，要讓自己更強更勇更猛更無堅不摧，才能步上發達之路，殊不知，真正的天才，是能夠順從自己內在的韻律，以自己的節奏來，如水一般，弱之勝強，柔之勝剛。

等待的意思，並非要你怠惰，而是靜待對的時機，而不是匆匆忙忙急就章，違逆自己內心的韻律。很神奇的，就像宇宙黑色的幽默感，願意等一下，反而更快，拚命想快一點，反而更拖延。

請回到你的內在權威與策略，順應自己的韻律，好好享受這美好的一天。來，喝杯茶吧。

人類圖氣象報告·覺察關鍵字

#等待適用於每種類型

52

尋求生命的真實，像玩拼圖

玩拼圖的時候，一塊一塊拼，調整放下又移了位置，反覆斟酌，在最後一塊放入應當屬於它的位置前，皆是過程，不算完成。

尋求生命的真實，像玩拼圖。

這一塊是愛情的怦然心動，下一塊又為失去而黯然，手上緊抓的那一塊是活著的意義，一直不知道該擺在哪裡，話雖如此，依舊貪心認為還缺一塊金錢的富足，原本早擺好的那塊家庭和樂，有時候配合其他區塊做些微調整，誰知道一調整又很容易全盤打亂，連帶影響了那一塊內在的平和。人生瑣碎，還沒圓滿，難免懊惱。

別任性翻了桌，也別放棄說不玩，你知道的，玩拼圖，有時候看似雜亂無出路，總要好不容易拼了這一塊，才能靈光乍現找到下一塊，一步一步，當混亂漸漸理出了頭緒，這才恍然大悟，對生命有了更深層的理解，終於釋懷。

請回到你的內在權威與策略，焦急無用，請有耐心。

挑來揀去的過程有其樂趣，請順應人生的節奏與鋪排，享受這一場人生的遊戲。

人類圖氣象報告．覺察關鍵字

#人類圖大流年不同階段　#土星回歸　#天王星對分

#凱龍回歸　#輪迴交叉的使命

53

痛苦無法避免，但受苦是種選擇

靜下來，深呼吸，好好回顧過去這段時間的紛亂，那些內心百轉千折像是打了結的糾葛，從今天開始，都可以放下了。

人生，就是一連串體驗的過程。

沒有人在生命中的每一次體驗，都能盡善盡美，請投降於這世間的無常，並非無奈而是換個角度想，你所經歷的每件事，其實，本應如此，若沒走過這段顛簸迂迴的路途，我和你又如何能夠深刻體驗到，生命是如此珍貴，值得認真珍惜。

我的老師凱斯．班茲（Keith Bentz）在課堂上很喜歡引用一句話：「痛苦不能避免，是否為此受苦，則可以選擇。」

你可以頑強用力地抗拒這一切，你也可以放開雙手，張開雙臂，告訴自己也訴諸天地，我願意感受這生命如歌的行板，願意投降於這一切會有圓滿的安排，我願意在每個當下全力以赴，也願意在那之前，安然靜心等待。

請回到你的內在權威與策略，放寬心，體驗無常人間的真情真意，體驗你自己、體驗美，還有愛與光。

人類圖氣象報告．覺察關鍵字

30.3 順從接受如是

54 世間事需要醞釀，不必急

不必急著下定論，就算現在先觀望也沒問題，等一下，世間事有時候就是需要醞釀一下，當對的時間點到了，你會知道的。

你到底在急什麼呢？你的焦慮是否衍生出更多，不必要的焦慮呢？

我們常常快速工作，急著讓事情迅速發生，最好可以立即解決，然後接著下一件，快快快，快速行走，最好可以用飛的，快速吃飯，所以速食會這麼受歡迎真的不是意外，快速戀愛，幻想如電影一般，幾個跳接鏡頭就足以決定到底愛不愛，快速分手或快速結婚，我們還來不及享受過程，就直接跳到結論去了，快速成功，極有可能也將快速失敗，最後很快的，根本無法避免的，快速死亡也將迎面而來。

深呼吸，今天，就請你慢一點，自私一點，不必急，好好走路，好好吃飯，好好睡覺，好好去愛，體驗自己的感受，放鬆，享受活著的感覺。

請回到你的內在權威與策略，不必急，事情很快就會有定論了，等待之際，請讓自己活得愉悅，這就是今天最好的練習。

人類圖氣象報告．覺察關鍵字

32.6 安然以對 # 即知即行的通道 34－20

55 你看的是自己的哪裡？

你看見的是自己的不足，還是自己的幸福？

感到困惑的時候，內心覺得不確定的時候，提醒自己別繼續往下鑽牛角尖。把頭抬起來，看看外面，看看這個世界，看見青山自青山，浮雲自浮雲。是的，總有些事情無法盡如人意，但是這個世界並沒有因為你的困頓而分崩離析，是你的觀點，你的苦惱，讓你深陷困局。

我們常常忘記自己已經擁有的，而把焦點放在那些已經失去的缺憾，或尚未滿足的渴求，如果你願意，今天請好好練習，真正去看見自己手中的幸福，練習欣賞別人的優點，並對這個世界賦予更大的祝福與感謝。

無須扛下別人的課題而自尋煩惱，把腦中胡思亂想的思緒，化為內心的溫柔，重點真的不在於你做了什麼，也不是你做了多少，而是讓自己的存在成為一股穩定的能量，相信自己，也相信別人有足夠的智慧，去面對與處理自己的功課。

請回到你的內在權威與策略，今天請找一件事情，讓自己好好體驗幸福，看見別人的好，珍惜已經擁有的，這是散發正面能量的一天。

人類圖氣象報告・覺察關鍵字

#58.1 生命之愛　#52 號閘門不動如山

56 對抗、浪費、僵持……夠了沒？

舉例。

你走在路上，有人突然擋住你的路，你推開他，他被你推開了一些，卻又莫名擠上來，你再用力推，他退了幾步，還是不放棄，站在你面前。對於一個阻擋去路的人，實在讓人火冒三丈，你太生氣了，開始施展連環拳，猛力揍揍揍，揍到對方已經退到路邊無法停手，揍到對方已經倒地不起。現在，你的路早已清空，已經沒有人可以阻擋你，但你卻決定要站在路邊堅持下去，等候這個人再度起身，你才能隨時猛力回擊。

那個人在你的生命中代表的是什麼？是一個人？是一件事？是一個心魔？還是一個纏繞不去的陰影？

你花了多少時間與之對抗，又浪費了多少力氣，僵持在那裡？

如果繼續這樣僵持下去，最後你錯過的，將會是無數個日出日落，你的雙眼變得狹隘，看不見月亮星星流轉之間的美麗，你當然沒有餘力觀看繁花盛放，而秋葉紛飛的盛況，跟你也沒多大關係，生命裡不會出現新的風景，新的人，新的經歷，愛與美的神奇離你愈來愈遠，愈來愈遙不可及。

夠了沒？

請回到你的內在權威與策略，如果你知道夠了，如果你看清楚了，這也不過就是自己的執拗與愚蠢。那麼，**請讓自己自由，請自行自困局中走出來**，你知道**該怎麼做的**。

深吸一口氣，有沒有呼吸到冬天來臨，空氣中冷冽的氣息？這就是活著的美好滋味，請昂首闊步，繼續往前行。

人類圖氣象報告・覺察關鍵字

#34.6 常識

#知道適可而止

57 優雅不只是表面上的美

如果一直想起過去，如果對以往發生的事無法忘懷，如果一直受困於回憶之中，今日請對自己這樣說：

我知道過去已經過去，我無法改變過去，但是，今天我是的。

今天我是的，因為我選擇活在當下，我可以帶著這些記憶，而它已經無法阻擋我，也無法壓抑我，更加無法控制我，我明白所有曾經認識過的人，每一個經歷過的事件，都是人生的滋養，感謝它帶來生命的智慧，讓我的根基更穩固，內心更堅定，化為我底層深遠的一股力量，支持我，繼續往前走。

這就是優雅的原因。

優雅並不是表面的美，而是經歷過是是非非，還是願意相信，願意以一顆開放的心，活出生意盎然的生命力，那是一種靈魂純淨的本質，你從未失去它，只是偶爾遺忘。

請回到你的內在權威與策略，展現出你的優雅，活在當下。

人類圖氣象報告．覺察關鍵字

22.3 趨於完美的優雅

58 最壞是最好的事

有一回，在人類圖培養講師的進階課程裡，資深的人類圖前輩老師來為我們演講。她分享了自己在過往的教學生涯中，那些讓人慌張、痛苦、抗拒、不知所措的經驗談。上課的過程中，她說了一段話，尤其讓我印象深刻。

「有時候，你會覺得，教那一班簡直是一場最壞最難最恐怖的噩夢，到最後，回頭再看，通常都會發現，那其實是一次最好最棒最獨特的經驗。最壞，其實是最好的，讓你成長得最快，學得更多，成為一個更好的老師。」

最壞，其實是最好的事。

這世界上許多人並不是真的想傷害你，由於誤解與無知，好心人做壞事，陰錯陽差搞成了一場轟轟烈烈的危機，如果你沒有迷失在自己聲嘶力竭、莫名的抗拒之中，就有機會看見。危機不只是轉機，還可以是一次次身心靈療癒的機會，如果你夠勇敢，願意深入去看，就有機會翻出壓在底層的黑暗與痛苦，轉化為養分，成就未來的自己。

請回到你的內在權威與策略，莫急躁，心靜才能看見自己，危機就只是一次讓你從無經驗變成有經驗的過程，今天請好好體會，這最壞，其實是最好的事。

人類圖氣象報告．覺察關鍵字

#36號闇門幽暗之光　#36.2支持

59

求神問神，神很忙

你的困惑與疑問，是很重要的過程。

這是沿路撒下的麵包屑，吸引鳥兒跳躍往前，每一個疑惑都是線索，藉由探索的蜿蜒過程，讓靈魂走上屬於自己的道路。

既然如此，不管多急著想奔馳到點，每一次，當你開始急躁浮動，穩住，深呼吸，帶著你的疑惑，學習與疑問安穩同在，同時，以你喜歡的步調與節奏，穩穩地，往——前——走。

一定會有那撥雲見日，讓你恍然大悟的那一天，只是現在沒人知道何時會發生。如果想祈求神，請別漫無目地，囉哩囉嗦說個沒完，不負責任將所有希望事項，一股腦全倒在祂身上。也請你別一直逼問祂，究竟答案是什麼，更別埋怨祂，為什麼不讓謎題揭曉，你多希望關於人生的標準答案，可以簡單又一目了然，清清楚楚寫在最底端。

神很忙。

請回到你的內在權威與策略，你得做你該做的，以自己的方式好好努力，與困惑與疑問握手言和，把酒言歡，成就你的精采人生。

人類圖氣象報告・覺察關鍵字

#64號閘門完成之前困惑　#63號閘門完成之後懷疑

60 你不必永遠是對的

「人們總以為有信念的人很偉大，其實這些人只是固執於自己的意見，精神上沒有任何進步，也就是說，精神的怠惰創造出信念。無論多麼正當的意見或主張，都必須不斷地進化，重新思考，再次改造，才能因應時代的變化。」

——尼采，《人性的，太人性的》（*Human, All Too Human*）

如何因應世事無常？

首先，你不能拘泥於既定的信念，也不能僵化於既定運作的模式。這聽起來好像很嚴肅，就像是個糾察隊，跟你說，嗶嗶嗶犯規犯規，不要一直以為自己是對的，我是對的我是對的我是對的，讓人上了癮，最後就只能活在一個狹小的框架裡，或許你永遠是對的，只是到最後，你的世界也只剩下你一個人而已。

既然沒有什麼會永恆不變，你怎麼可能永遠是對的？每一件事情來到你面前，都是一個很棒的機會，讓你重新檢視自己，調整自己，適應的過程讓我們愈來愈明白世事，愈來愈懂得人情，學習區分什麼是為了取悅別人而做，什麼又是自己真心想望。然後，每個當下都可以重新修正，重新做選擇，而每一次選擇，才能讓自己活得愈來愈豁達。

如果你不必永遠是對的，你也承認了自己的不完美，會不會更快樂一點？

請回到你的內在權威與策略，超越對錯，就算同樣的事情你已經做了一百次、一千次，都能夠以一個全新的態度再做一次，然後，這一次，真正看見自己的美。

你不必是最對的，你是最棒的，做自己就可以了。

人類圖氣象報告．覺察關鍵字

#42號閘門成長　#32號閘門唯一不變的就是改變

61 對過往的頓悟，沒有白走的路

如果你今天莫名為了某件事、某個人或某種特定的狀況有了情緒，可能為此感到憤怒、恐懼、感傷、難過或懊惱……。這些讓人感覺不太好的感覺，其實都很好，換個角度看，這是一個全新的機會，讓你重新省視過往所做的決定，接下來，才能以全新的角度，從中學習，重新再做選擇。

不要害怕承認過去的錯誤，因為當時的你，必定做了當下能做最好的選擇，如果今天的你，開始懊悔過往多麼不成熟，那麼，也請對自己多點同理心，換個角度看，不成熟也是一段必經之路，讓人蛻變成一個成熟的人。

沒有白走的路，何須自責。重點在於對過往的頓悟，化為未來的養分，讓你更堅強，也更茁壯。

請回到你的內在權威與策略，坦然接受過去就是這樣，過去已經過去，然後把焦點放回現在呢？未來呢？現在的你想如何調整與改變，才能創造出你所渴望的結果呢？

這是值得好好思考與沉澱的一天。

人類圖氣象報告．覺察關鍵字

#24號閘門回歸體悟　#24.5告白是有勇氣承認過往錯誤

62 不是沒有路，只是還沒到

今天若是發現自己開始苦惱，苦惱於一些尚未找到解決之道的事情，在我們又開始近乎偏執，內心鬱結地認為，前方必定沒有路，一切真是太糟太爛了。請停下來，先靜一靜，慢慢試著跟自己這樣說：

「好吧，現在就是如此，我願意相信前方不是沒有路，只是現在的我還沒找到。」

既然現在就是如此，何須與自己為難？繼續鑽牛角尖對你並沒有好處，鑽到底所得到的結論，往往很負面，只會讓自己感覺更糟糕。既然如此，何不先移轉注意力，做一些讓自己會開心的事情。比如說，好好吃頓美食，去公園散散步，買朵花給自己，或是撥通電話給你的好朋友，做些似乎無關緊要，其實卻是無比重要的小事。

這些讓人愉悅的小事，永遠不會是浪費時間，而是你滋養靈魂的祕訣。

當你充好電，對自己好，才會真正看見，哇！原來機會一直藏在轉角處，像是獨角獸帶著祝福等著你，而你苦苦追尋的解決之道，一直都在，只等著你輕輕鬆鬆轉個彎，就能微笑與之相遇。

請回到你的內在權威與策略，前方一定有路，放輕鬆，很快就會找到它。

人類圖氣象報告．覺察關鍵字

44 號閘門聚合 # 44.6 超然

63
靜待，與自己的內在休兵

別以為別人看不見你的用心，而開始質疑，這麼長久以來自己的堅持與努力，究竟有沒有意義。

有時候，生活是難堪的，當一個人有才華，很聰明，青春美麗，渴望付出，充滿愛……總結起來，以為早已集滿所有能想像得到的，每一個構成成功的因素，自忖也勞心勞力，做完每一件必須做的事情。諷刺的是，離那個夢想、那個成功，卻始終還是有距離。

但願這人生有道理，但願一切會公平，但願每一次去愛，每一次付出，都會圓滿，都不會受傷，但願世界上的束縛與枷鎖都有解，但願幸福與快樂，與我們每一個人常在。只是但願歸但願，其實，我們心知肚明，這世界很難有道理，很難公平，實話是，愛並不容易，快樂幸福宛如青鳥，它悄悄飛到你肩上，你以為會天長地久了，下一秒，可能又消逝無蹤。

如果今天感到低潮沮喪或失落，請與自己的內在休兵，告訴自己靜待的過程，不是你多用力多委屈就可以，這就是過程，過程需要時間，正好讓你學習，如何和諧與自己在一起。

請回到你的內在權威與策略，有沒有意義，有一天答案終會揭曉，在那之前，愛你自己。

人類圖氣象報告‧覺察關鍵字

#帶來靈感啟發的通道1－8　#脈動的通道2－14　#困頓掙扎的通道28－38

64 當下誠可貴，無法倒帶

人生是一場電影。

如果這場電影出現任何你不喜歡的場景，別逃開，好好的，注視這一切，體驗它，物換星移，時序流轉，青春的風華，留戀的時光，都是鋪陳，都是過程，每一個結束都會帶來下一個開始，而每個開始，最終也難逃告別。

我們恐懼接下來會發生的，遺憾過去曾經錯過的，抗拒著，以為只要嚴實鎖住靈魂與心，就能保護自己。眼睜睜看著這個當下過去了，又過去了，再過去了，不斷過去，不斷錯過，完全忘記了，這是一場電影，無法重播，無法倒帶，體驗就在當下，沒有就沒有了。

若看見這才是真實，到最後，終是虛無，又何須逃避這一刻，這一個當下？

真實去感受它，真實去體驗它，真實去擁抱自己的無能為力與掙扎，如果想笑，就讓自己開懷喜悅，如果想哭，就放肆大哭一場，這一切都會過去，每一幕都將曲終人散，有一天驀然回首，你不會悔恨自己賴活虛度，而會肯定自己，慶幸自己，活得如此勇敢，如此真實。

請回到你的內在權威與策略，如果最近不太好，那很好，生活中的好與不好，最後都能讓你變得很好，加油，我的朋友，加油。

人類圖氣象報告．覺察關鍵字

#20號閘門當下　#20.3自我覺知

65 感到被追著跑時……

多年前，我買了幾幅版畫，其中一幅是一個小男孩站在階梯上，向上快樂地拋皮球，我的畫廊朋友說，皮球代表的是夢想，一開始每個人內在的天真，滿心歡喜期待，小皮球雖小，卻能讓想像力快速奔馳，做夢與築夢過程本身，就能帶來無比的快樂。

然後，下一幅則是一個成年人，在階梯上轉身往下奔跑，而背後有一個好大好大的滾輪，他被滾輪追著跑，只能奔跑，只能不斷不斷不斷奔跑……。我的畫廊朋友說，人生到最後很諷刺地，當時小皮球的美夢，到最後成了一個驅策你不能停止，只能往前進的滾輪。

我忍不住買了這兩幅畫，不太確定到底是哪個部分打動了我，可能是，這兩幅版畫本身只有黑與白的簡潔與單純，實在很有趣，也極有可能其實是被畫廊朋友所說的話觸動了。在理想的狀態下，多麼希望，自己能夠每天每天都充滿著正面的能量，但事實是，無奈與諷刺的，人生總有這麼多弔詭的邏輯，無所適從或迷失其實是必然，怎能讓人不嘆息。

如果今天又感到自己被追著跑，如果可以偷個空，閉上眼睛想像一下，這滾輪逐漸縮小縮小再縮小，可以再度回到小皮球的狀態，小皮球，香蕉油，滿地開花二十一，二五六，二五七，二八二九三十一……

請回到你的內在權威與策略，你從來沒有失去內在的小孩，從來沒有，只是偶爾遺忘了童心，快樂會回來的，只要你願意。

人類圖氣象報告．覺察關鍵字

\# 35.4 渴求進步永不滿足

66 做該做的事，包括感傷

把該做的事情，一樣一樣做完，也一樣一樣做好，該整理的，該完結的，該改正的，該送出的，都處理好，如果還有餘裕，就以你熟悉的節奏，你習慣的速度，一步一步完成，像是跳著一首圓舞曲，如果無法如此，那也換個角度想，何不享受這首火戰車的旋律，感受鼓聲隆隆，強烈地，屬於改變的節奏感。

是的，改變需要過程，而你正在經歷它。

今天，你說，讓我做完該做的事，我說，做完該做的事，也包括感傷。

時光飛逝如洪流，席捲吞噬了所有，過程中你的笑，你的淚，你的慌忙，戀戀不捨，你的恐懼、疑惑、坦然、倔強、迷惑與執著之中，發現了，自己原本以為並不存在的勇敢與決心，掙扎中，你不也看見了真正的自己，從未遠離，可預見將一直一直同在的，怯懦與真情……

做該做的事情，包括感傷。

如果不是感傷，那也緊緊地擁抱自己每一寸情感，不要逃避，不要麻木，不要說感受不重要，感受怎麼會不重要呢？每一個感受，高高低低，都是曾經愛的證據。

請回到你的內在權威與策略，全然地，活著，除了工作，感受自己的感受，人生不見得總是快樂的，但是你是沒問題的，這是改變的過程，而你正在經歷它。

人類圖氣象報告．覺察關鍵字

#困頓掙扎的通道28－38 #多愁善感的通道39－55 #35.6矯正如結晶的過程

67

不會放棄，愛的勇氣

今天若不知為何，想起那些曾經讓你跌得很慘的往事，不管是失敗，挫折，苦痛，被嘲笑，或者是被背叛……。當時的心痛，像是一瞬間掉落深淵的痛苦，失去信任，失去愛的感受，心如玻璃碎成一地的心情，已經很久，你一直逃避著，再也不願意想起。

豔陽高照的夏天，照理說不該回顧過往，但是，悄悄地，像是精靈淘氣的提醒，默默地，又上心頭。你知道，當一個人再度想起過往，宇宙真正想告訴你的訊息是什麼嗎？

這一切都過去了，而你做得很好。

時光無法回溯，當往事如風再度來襲，當你想起過往的苦痛與無奈，請相信這並沒有任何要折磨你的意思，這只是一個珍貴的時刻，讓你有機會去看見，這一路走來，你做得多麼好，看看現在的你，你並沒有放棄愛的勇氣，就算懷疑世間是否有真心，你還是願意相信，堅強而坦蕩地，繼續往前走著。

請回到你的內在權威與策略，曾經受過的傷，沒有人知道會不會有完全痊癒的一天，可以確定的是，在今天，在未來都一定會，成就一個更棒的你。

謝謝這一切的淬鍊，讓我們每一天都可以成為更完整的自己。

人類圖氣象報告．覺察關鍵字

#12號閘門謹慎　#11號閘門新想法

68 有些事情，你現在不必問

我們生活，日復一日，存在著，群居也獨行。

活著活著，有些事情突然懂得了，恍然大悟的瞬間，突然又是一陣更廣闊的迷霧，迎面而來，深深呼吸，空氣裡寒冽的冰冷，沒有答案。正是因為沒有答案，於是引誘也引領著我們，自底層生起更大的好奇心，驅動每個人往前，渴望擁有，渴望探索，渴望成長，渴望知曉更多，隱藏於神祕之中的道理。

有些事情你現在不必問。

人生的重點也不在於你知道了多少，學識無涯，所有的假設、解答、疑惑、斬釘截鐵認為非如此不可的規條，也不見得全都經得起時間的考驗，答案是下一個問題的開始，該問自己：知道了，等於懂得嗎？明白了，就等同改變嗎？

我的生命追求的是空泛的答案？還是真實的體驗？

請回到你的內在權威與策略，人身可貴，生命中的每一刻，如流沙，無形中悄悄逝去，真正的答案不該僅止於一個說法，而是人在大千世界裡，謙遜而開放，對生命本質細膩的體會。

體會你的生命，每一天都無比珍貴。

人類圖氣象報告．覺察關鍵字

#4 號閘門公式化　#理解人皆有限制有度量不評斷

69 你需要相當程度的自以為是

「自以為是」不一定是不好的東西，非常時期，人云亦云，突發失控之際，其實，真的沒人知道該怎麼辦，那麼你要怎麼辦呢？你只能相信選擇，相信自己的本心，再一次，選擇去行動，再一次放手一搏，做你認為應當做的事情。

若是如此，相當程度的自以為是，就能成為一股很好的動力，讓你可以重新開始，驅動你找尋新的秩序。而那些不可避免的憂慮與掙扎，質疑與不確定，都可以協助你更警覺，更深刻去察覺周圍的一切，包括你自己。

成熟，並不是經歷千瘡百孔後，徹底失去自己的夢想；成熟是，看盡了過往千帆皆不是，懂得區分什麼是「是的」什麼是「不是的」，然後，有勇氣再選擇一次，再一次，我朝我認為「是的」，以相當程度的自以為是，願意繼續，願意執著下去，去走一條我認為有意義的路。

到最後，你必定不是為何人而做的，你只是為你自己而做，為你所堅持的意義，你的夢，你的歌，你對生命的渴望……。你為自己的熱情負責，為此你一次又一次重新選擇，選擇盡其所能，活出那個熱力四射的自己。

請回到你的內在權威與策略，你需要相當程度的自以為是，才能堅持每一天好好生活，好好為夢想繼續努力。

人類圖氣象報告．覺察關鍵字

#31.5 自以為是

70 傻瓜可以當一次

回顧是非常重要的一件事情，其重要性超乎你所能想像。

接下來這段時間，是重整梳理自己的時候，請你將最近這陣子的失序與混亂，好好倒帶，有機會在腦中或心中重新檢視，再想一次，再看一遍。

回顧的意思並非要你陷入自責，更不是要你去埋怨任何人，該發生的已經發生，人生在世，傻瓜可以當一次，畢竟有些事情沒有親身經歷過，永遠不會知道究竟是怎麼一回事。但是呀，若重複的事情一而再、再而三地不停發生，那就是宇宙想認真告訴你，孩子，是時候了，有些事情你該學會了。

是時候了，你該學會，有很多事情，你就是無法勉強自己。你該學會，愛的本質，或許不只是充滿玫瑰色的夢幻就可以。你該學會，有人不愛你，這並無損於你的價值與珍貴。你該學會，好好照顧自己，尊重自己的需求，根本就是天經地義的事情。你該學會，接納自己也有脆弱的那一面，並非懦弱或羞恥的表現，而是真正的勇敢。你該學會，沉默與隱忍不等於以和為貴，衝突之間，有很多值得深思的智慧，沒有事情可以一蹴即成，尊重是一段進化與相互學習成熟的過程。

這條路的折騰與痛，是最好的賜禮，而你，學會了嗎？

請回到你的內在權威與策略，回首來時路，每一步都可以解釋成詛咒，也可以化身為祝福，當一次傻瓜，其實是很過癮的回憶，不是嗎？

（懊悔無用，學會才是重點，別庸人自擾了。傻瓜！）

人類圖氣象報告．覺察關鍵字

#33號閘門　#抽離　#由弱轉強的蛻變過程

71 你孤獨，但不孤單

當你以為，全世界只剩你一個人在跳舞，迴旋，跳躍，凝視，轉圈。當你以為，雙手伸展出去，能夠抓住的只有空氣，空無一物的虛無，不知生命究竟所謂何來的諷刺，向你襲來。當你以為，或許，命運終究沒有要站在你這邊的意思，當你以為，孤獨與寂寞，看來無窮無盡與你相隨……

當你聽見有人說，無人是孤島，這句話宛如一個極大的謊言，獨自奮戰的時刻，尤其，沒有人與你擁有同樣的渴望，渴望只是你一個人，是一顆天邊的孤星，微弱地閃著光。

孤獨是如此真實，存在。

安靜下來。

如果開始懷疑這一切究竟是不是有所安排，那請選擇相信，孤獨是醞釀創造力的必經過程。

這世界上有很多很多人，也正在這世界不同的角落，跳著舞，迴旋，跳躍，凝視，轉圈。這世界上有很多很多很多很多人，把雙手伸展出去，也以為自己能夠抓住的只有空氣……

你的孤獨並不孤單，也不稀有，人存著，不管在那個世代，總會有些時刻，當那空無一物的虛無，還有不知生命究竟所謂何來的諷刺，逆襲而來，當每一個人都誤以為，自己即將被黑暗所吞噬，其實，並不盡然。

你，只是在你的位置上，我也只是站在我的位置上，汗與淚如雨下，急促無力又焦慮地喘息，各自有各自的掙扎，各自的體會，各自的狂喜，也有各自的責任，各自即將前往的夢想，我們自以為的孤獨，反而是命運的賜禮，足以讓彼此的靈魂共振，共舞，緊密連結，對生命產出更深的理解與體悟。

請回到你的內在權威與策略，或許生命下個轉折處，我們會有幸一起共舞，到時必定會激盪出美妙的火花，一定很美。
在那之前，正在跳著舞的你，並不孤獨。

人類圖氣象報告·覺察關鍵字

17.5無人是孤島

72 經過多年以後，回頭再看

往往得經過好幾年，回頭再看，才能對當時的自己，產生全然不同的解讀。

當年覺得恐懼的，現在看來，不再是困擾（恭喜你，你長大了）。當年感到遺憾的，現在看來，反倒讓人懂得圓滿（恭喜你，你成熟了）。當年執拗認為非如此不可的，現在很清楚是緊抓厚重的盔甲，源自莫名的我執（恭喜你，你更有智慧了）。曾經某年某月某日，悲傷得像是世界徹底崩毀了，現在看來，日子依舊天天如時運轉，有些傷難免還是留下痕跡了，但也因此領略箇中的智慧，好不容易學會淡然了，終於（恭喜你，你穿越了）。

多年之後，我們早已不復以往。

既然如此，現在讓你鑽牛角尖，深感憂愁與困擾的一切，多年之後，你又會怎麼想呢？那一個長大了、更加成熟、智慧具足、穿越既定課題的你，會如何看待現在的自己呢？

事情輕重緩急的先後順序，隨著歲月洪流重新沖刷，反覆洗牌，篩選到最後，留下的是真正重要的價值，是知道長日將盡，一切終將有盡頭，而你願不願意選擇為自己所相信的意義而活，堅定並勇敢。

請回到你的內在權威與策略，為自己加油。

人類圖氣象報告．覺察關鍵字

48.6 自我實現

73 關於能力不足這件事

能力不足就是能力不足，這是事實，關於這點，我們有兩點要說：

1. 如果承認自己能力不足，會讓你覺得痛苦，那麼，請你堅強點，好好看清楚：「能力不足」可以是一個事實，但這並不直接等同於障礙，不是讓你逃避的藉口，更不是你合理化自己行為的理由。

現在能力不足，這很好，如果你願意，這將是一個探索與學習新領域的開始。關鍵在於你的態度，你的意志，你的渴望，還有你是否願意堅持下去。

如此一來，能力不足只是過程中的一個階段，你必定能順利穿越，柳暗花明又一村。

2. 如果發現自己周圍充滿一群能力不足的笨蛋。好，這也是事實。那麼，一直無謂抗拒或想改變對方，只是徒勞無功，讓你也變成笨蛋一個，請停止這種無謂的行為，好嗎？

值得花工夫去釐清的，反倒是：他有沒有意願學習，有沒有渴望進步，想不想再繼續？你知道，這世界上不是每個人都聰明，更不是每個人都想要變成一個更好的人，朽木不可雕，既然如此，你又何須緣木求魚？

我們無法對別人的人生負責任，請放下你個人的執著，這世界上每個人各自會有各自的出路，請尊重彼此的選擇。

恕我直話直說。

請回到你的內在權威與策略，別繼續深陷能力不足的痛苦裡，這是你捏造出來的暗黑劇場，演到最後只會讓你更討厭自己，變得更蠢。

請為自己的人生負責任，明確做出選擇，好好努力，讓自己不斷進步，有朝一日，蛻變成為一個真正有能力的人。

人類圖氣象報告．覺察關鍵字

#批評的通道18－58

74 有一天，終將分離

生命，有開始，就有結束。

就像人與人的緣分，就像世間起落，當一切趨近完美，也是迎向終點之際，生命並不殘酷，它只是遵循著有開始必有結束的準則，是我們常常看不開，以為世事無常而充滿恐懼，對開始滿心歡喜，卻結束得悲苦遺憾。

結束，不也是一個全新的開始嗎？

或許，我們該真心感謝一切都會結束，因為有一天終將分離，所以每一個當下才會變得如此閃閃發亮，值得努力與珍惜，不管是看待自己的生命，或是身邊所擁有的每一段情誼，時光永遠無法倒流，也不會重來，每一刻都無法取代，稍縱即逝。

體驗你的遺憾與失落，同時也願意繼續盼望著，滿心期待，認真努力著，明白沿路上還有許多全新的風景，等著你一一體會。逝去的，並不代表失去，怎麼可能失去呢？就算不能常相見，或者可能永遠都無法再見，那過往的回憶與笑語，翻飛而起的悲喜交織，你不是一直都放在心裡嗎？

有一天終將分離，有一天，你與我都會離去，這是事實，這很好，這讓我們可以相互提醒勉勵，每一刻都要讓自己活得盡情盡興。請回到你的內在權威與策略，衷心感激每一個告別與每一個結束，然後坦然去愛，活得勇敢而無憾。

人類圖氣象報告．覺察關鍵字

#6號閘門沒有衝突就沒有成長　#無常的通道35－36　#36號閘門黑暗將自我毀滅

75 就算搞砸也很好

就算搞砸也很好，至少結束了。

還沒結束？至少也算是完結吧？暫時結束這一回，誰勝誰敗很難說，且待下回分解。人生，這回完了還有下回，下回完了還有下下回，過日子，就是連續無數回合相串聯。

搞砸了，是老天爺想教你，做人學習隨意一些，隨便一點，你這個人太認真，無法忍受缺憾是一種缺點，很容易肩頸痠痛，看看你，是不是？

當宇宙拿出大聲公對你狂喊，我們要來一場大掃除。那些累積已久的髒汙、重擔與難受的感覺，是時候該清一清了。

搞砸之後，就可以打掉重來，原本委屈妥協的那些通通不要了，不能要，也不必要。搞砸了，才是天意，是來自更高層次的好意。

回到內在權威與策略，亂人心者不可留，人生中總有些人不可留，總會有事多煩憂，不要怕，該走就放手。

人類圖氣象報告．覺察關鍵字

#42號鬧門畫下句點才有新開始　#無常的通道35－36

76 從憂鬱中學到的事

結束一段關係，我讓自己安靜下來，就是好好生活，簡單地吃飯，睡覺，和孩子們在一起，改變工作型態，持續一段很長的時間。人生中難免遇到憂鬱感來襲，我很清楚這並非意外，之前壓抑有多深，反彈就有多激烈，中間只是時間差，遲早而已。

我發現體驗處於低谷時的心情，單純體驗，不讓頭腦添加無謂批判與埋怨，度日並不難，難的是在這段過程中，無人能給一個確切的時間點，像是這些憂鬱憂傷的感受，何時才會終止，能不能喊聲暫停，至少讓人能喘息？由於充斥各種不確定性，腦中自然容易滋生一堆假設與結論，然後再推翻，再辯證，再假設做出其他結論，繞著一圈圈絕望迴圈，沒有終點，沒有起點，更沒有解答。

我想這是我的人生第一次，真正等著自己，我的身體以我無從得知的速度與節奏慢慢恢復，有時停滯著，沒有進展，看似無法恢復，進退之間，我學習待在灰色世界裡，與未知面對面，等待著，等我自己好起來。

把自己當成全世界最重要的人來守候，我開始練習將雜事或閒雜人等，當成無關緊要的雜音背景，背景音有時喧鬧，有時寂靜，有時憤怒翻騰，有時輕快飛揚，都好，我練習與這一切保持適當距離。後來，憂鬱離開了嗎？

我其實不太確定，感受來來去去，開懷或難過，都是其中一部分，我只是知道自己越來越能自處，可以分辨身體所感受到的快樂，那麼真實，有時候是認真做完給女兒的便當，是與狗狗在公園漫步，是深夜獨處，喝啤酒吃洋芋片追劇，沒有別人，只有我，那麼簡單，又那麼愉快。當悲傷或憂鬱造訪時，我也學會不自責，不打擊自己，不必趕快，不必急促，不必替悲觀的感覺加柴火，我明白那只是我累了，我需要休息。我相信這是宇宙的善意，必定有某些神祕的什麼，在我的生命中醞釀著，就算我不會成為什麼全新的自己，但是經由憂鬱我會活得更完整，也更坦然。

最近在臉書上，看到好幾位我摯愛的朋友，訴說著自身的憂鬱，我想分享這些感受。我並不是什麼正面過生活的範例，學習人類圖，也沒讓我活成一個聖人或完人，只是讓我更清楚明白，啊，這就是我啊，我的界線原來是這樣，我的限制在這裡，憂鬱讓我知道自己還有更多可能性，可以活得堅若磐石般，安靜地對待自己。而生命是流動的，人是活生生的，一個人的狀態永遠在轉變中，不變的是，我可以好好守候著自己，關懷自己。

憂鬱很珍貴，讓人脆弱又強大，是神祕的人生禮物。

人類圖氣象報告・覺察關鍵字

#人類圖個體人　#憂鬱的通道39—55

77 是你想，還是想證明？

區分自己所做的事情是你想要？你選擇為自己而做？還是你想證明自己可以，證明給你爸、你媽、你老闆、你小孩、你的另一半，還有全世界那些你也搞不清楚的假想敵們看，證明你行，你可以，這次你一定要做到？

你成功了，也得到你想要的成果，只是最後留下來的感受，是什麼？

你想證明的，往往不是最適合你的，你所執著的，後來常常會發現，其實還有更好的出路，可惜當下的你看不清，也等不及，不知道接下來還會有更好的選擇，冥冥中有其布局，正在前方等著你。

不必證明給誰看，更不必向自己證明，你已經是好的，你就是你。就算煙硝四起，周遭的人焦躁難耐，都不要忘記，選擇真心想要的，以你的節奏往前走，這就是今天的練習。

人類圖氣象報告・覺察關鍵字

#空白意志力中心

第 3 章

蛻變沒什麼道理

78 沸騰的情感，是活著的證明

很難受的時候，抑鬱的時候，再一次想一想，自己為了什麼而奮戰。

如果清楚所抱持的心志，就算感受到懼怕與悲傷，都能繼續堅持，此刻當下，存在本身就會有力量。

今天把理性收起來，用心去感受全世界正喧嚷沸騰的情感。

這裡頭不管是痛、是恨、是愛、是激情，都是我們真實存在著，活著的證明。

真正能驅動人心的，永遠是情感本身，情感高低起落，或許在當下看不見絕對的真實，無法理性，無法有條有理爬梳其來龍去脈，現在究竟誰是誰非，離蓋棺論定尚太遠，最真實的是，好好去感受自己的內在，在這一刻所湧現的種種情感。

因為這些情緒底層，都吐露出無比真實的洞見，那就是：

我們深刻渴望蛻變，這是一股底層隱隱奔騰的黑潮，在看似紛亂的表象之下，強大無比，在人心之間流動著。

請回到你的內在權威與策略，帶著理性做事不難，懷抱情感活著需要勇敢，雨落下的時候，都不會放棄期盼天晴的渴求，不管惆悵或悲歌，今天都請真實地活著，存在著。我們在一起，一起加油。

人類圖氣象報告．覺察關鍵字

#25.2全心投入奉獻於此刻當下　#多愁善感的通道39－55

79

整合，讓我們更強大

不管發生什麼事情，衝擊也好，打擊也罷，任何讓人感到驚嚇的事件，若能看得更深，核心的關鍵點並非事件本身，而是面對這一切，你所選擇的態度，你看待事件的切入點，還有你如何重新整合的能力。

注意自己的自動化，不要輕易落入比較與競爭的窠臼，爭奪資源源於匱乏的心，削弱的只是彼此的力量。

與其抗拒與爭奪，不如整合。

整合，會讓你更強大，而變得強大，並不是會了擊潰誰，因為強大，所以更包容，可以活得更寬廣，有更大的胸懷能蘊含深厚的愛，滋養自己與周圍的人，雖然難得，並非不可得，坦誠彼此的限制，找尋圓滿的可能。

是，我們生來就不同。

是，人與人之間要如何和平相處是難題。

是，沒有完美，缺憾與不公不義的事情，依舊天天在發生。

這很好，這將給予我們完美的一道課題，讓每一個人能思考如何善用自己的智慧，發揮內在蘊藏的能量，好好練習，整合的能力。

請回到你的內在權威與策略，因為你夠強大，所以能整合，而整合，會讓我們變得更強大，一起溫柔又熾烈地，散發巨大的愛能量。

人類圖氣象報告．覺察關鍵字

＃51號鬧門回應混亂與衝擊的能力　＃57.5進展建立新形式

80 重點是那些愛著你的人

無人能取悅全世界所有的人，不管怎麼做，都不可能完美到讓每一個人都開心。這道理你說你懂，但是，一遇到與你的意見不相符，甚至不喜歡你的評論出現了，又忍不住，莫名覺得好難受。

今天，先別把力氣放在反擊上，也別因為情緒過於激動，而做出奇怪的決定。換個角度想想，問問自己：你把多少資源與精神，放在對抗上？一百個人裡頭，可能只有一兩個人，基於他們所認知的原因與理由，決定不喜歡你。我們卻好容易把所有精力，放在極少數的人們身上，而忘了看見還有好大一群人，默默愛著你，支持著你，用他們懂得的方式，與你在一起。

公平一點，看見事情的全貌。

請回到你的內在權威與策略，不管發生什麼事，重點是那些愛著你的人，該放手的放手吧，好好珍惜握住手的人。

人類圖氣象報告．覺察關鍵字

6.1 再生的力量
36.1 處理危機情感的力量

81 不必討好，把事情做好

無奈的事情多不多？很多。

這個世界不知從何時開始，已進化並演變成驚人的巨大機制，一開始總是單純，出自渴望為眾人服務的美意，只是走遠了，也容易走偏了，行至今日，混雜私慾與恐懼，權力傾軋，利益相互爭奪抗衡，層層相扣，複雜不清，這是事實。不管選擇看不看，都是事實。

若突然有一股無能為力的感受襲來，不必勉強自己立即奮發向上，也先別急著對抗，允許自己能夠喘口氣，花些時間，與自己真實的感覺同在。

感覺不舒服很好，因為你的心開始覺醒了。

改變的第一步，先改變自己：不必討好任何人，想清楚你的原則是什麼，依循你所相信的核心價值，接下來，其餘的顧慮就可以先擺在一旁，練習專注，將事情盡可能做到最好。

不必恐懼巨大的勢力會將我們吞噬，只要站穩腳步，正直去生活，一個人影響另一個人，每個人的存在將融合成一股隱隱醞釀中，強大的力量，蛻變成下一波新的思潮，帶來改變。

請回到你的內在權威與策略，不必討好，把事情做好。

人類圖氣象報告．覺察關鍵字

#力量的通道34－57　#覺醒的通道20－10

82 每個當下都是起點，迎向冒險

有些事情，或許終其一生，永遠無法忘記，頭腦往往是自己最殘酷的敵人，根據過往的經驗與記憶，我們對未來抱持期待，也忍不住心生懷疑，雖然提醒自己樂觀進取，內在卻依然緊抓悲觀的權利。

你的記憶對你是負擔？還是寶藏呢？

就在今天，宇宙想提醒你的是，過去已經過去了，你早已並非過去那個你。何必自我設限，活在過往的牢籠裡？

如果你願意，請站在鏡子前端詳你自己，就在這個當下，有沒有看見自己的蛻變？有沒有看見現在的你所展現的優雅？有沒有正視自己的力量？有沒有認得自己在面對未知時，在迎向接下來的挑戰時，臉上那種溫柔又堅毅的神情？

現在的你，好美麗。

但願你能對自己誠實，看見自己眼睛深處，蘊藏著靈魂裡，無與倫比的美，不管過去曾經發生什麼，至少現在的你是ＯＫ的，你是沒有問題的，我們在每個當下都可以重新做選擇，現在的你正踩在起點，迎向冒險的開始。

請回到你的內在權威與策略，不必讓過去毀了任何未來的可能性，請相信自己。

人類圖氣象報告・覺察關鍵字

47.3 自我壓抑

83 蛻變沒什麼道理

蛻變通常發生在轉瞬間，原本在內心有一條如峽谷般深不見底的鴻溝，突然像做了特效一樣，自立體轉變成平面似的，從鴻溝變成一條直線。本來以為困難到插翅才能飛躍，卻沒料到，只要一跨步，就此穿越了，就這樣，你跨過去了，從此進入另一個階段，另一個全新的世界。

蛻變的時機點沒什麼道理，看似一瞬間就天差地別。

你就這樣輕輕巧巧地跨越了，是你長久的努力加上來自宇宙悠遠的祝福，超乎自己想像，優雅而自在，像毛毛蟲蛻變成蝴蝶，像天使找到自己的翅膀，理所當然，沒有任何勉強了。

這世界上絕大部分的人只羨慕有成果的人，事實上能走到這一步，之前人家早已付出許多努力，所有的苦心醞釀與累積，才能換來這一刻，穿越的奇蹟。

今天請回到你的內在權威與策略，蛻變一定會發生，要有信心，在那之前，請好好耕耘，用心努力。

人類圖氣象報告．覺察關鍵字

#社交的通道12－22 #個體人 #突變 #蛻變

84 限制的過程，是自由的基礎

有一個小孩被爸媽強迫著天天得練習彈鋼琴，小孩痛恨彈鋼琴，卻不得不彈，天天覺得自己被操控、被限制，內心覺得抗拒，也感到無奈，但還是天天練，天天彈奏著。

就這樣，不知不覺十年過去了，小孩長大成為一位著名的鋼琴家，回首過往他體認到，如果爸媽沒有定下限制與規矩，如果沒有當年枯燥乏味的基本功，他在日後根本不會有機會，一窺音樂殿堂的奧妙，無法體驗靈魂與琴聲合一的時刻，竟然得以穿越時空，無比自由，更不會了解到，自己能才華洋溢，在音樂的世界裡發光發亮。

許多時候，當下的限制讓人痛苦，因為我們看不見，這些過程其實會奠立未來自由的基礎。

如果你為限制所苦，想一想，這其中藏有現在你還無法領略的祝福，是宇宙看見你珍貴的本質與才華，遠遠超乎現在的你所能想像，所以天將降大任，而你必先苦其心志，才能迎接未來豐碩的成果。

請回到你的內在權威與策略，沒錯，限制依舊存在，也唯有如此，才能讓你領略，自由的真義。

人類圖氣象報告．覺察關鍵字

#才華的通道48－16　#徒弟變大師

85 有料的人不怕

不要被影響，這本就是一個華而不實的世界。

看不清楚自己的人，比比皆是，每個人都有自己的人生功課，有其需要經歷的過程，我們只能學習不斷放手，提醒自己寬以待人，某個程度來說，並非為了讓別人好過，而是讓自己懂得平衡。

一般人很容易將事情想得太淺白，也把一切想得過於理所當然，眾人往往著迷於蛻變後的絢爛，卻忽略了蛻變之前，長久的醞釀與苦心。人生如何走出一條路來？需要一步一步務實走出來，這些是實質經驗的累積，並非嘴上說說那麼容易。

有料的人不怕。如果你明白這道理，那麼並不需要大肆張揚，才足以代表自己的決心。當時機尚未成熟，孤獨就是必要的過程，唯有鴨子划水，堅持下去，有一天，必定能夠守得雲開見月明。

請回到你的內在權威與策略，把焦點回到自己該做的事情上，繼續努力，堅持下去，加油。

人類圖氣象報告・覺察關鍵字

1.4 孤獨為創造力之媒介

86 當別人對你有所評斷……

當別人對你有所評斷，值得想的是：

我所知道的，或者我以為是我知道的，是否偏離事實太遠？我是走得太超前，還是太落後？太過前衛的意見，若是與眾人目前的認知相差太遙遠，溝通上的確要多下點工夫。反言之，如果你是屬於太落後的那一邊，那麼要問問自己的是，我還需要在哪些領域上，好好下工夫。

當評斷出現，代表對方已經選擇某種特定的觀點，在你試圖改變對方的想法之前，請重新思考自己當下的位置，自己的觀點，整合彼此的落差，就事論事，調整好自己的心態。

體驗你的體驗，如果很無奈，也去體驗它。然後，回到你的內在權威與策略，做好該做的工作，黑暗不是無止境，調整再調整，光亮一定會到來。

人類圖氣象報告．覺察關鍵字

1.4 孤獨為創造力之媒介

87 回歸基本面，好好解決問題

你有沒有過這樣的經驗，氣急敗壞被鎖在門外，跑來跑去到處找鑰匙，找鎖匠，一下子怒罵自己太粗心，一下子又怪別人害了你，弄得滿身大汗，筋疲力竭，到最後，發現原來鑰匙啊，安靜地放在你的口袋裡。

這故事告訴我們什麼呢？

一直往外求，其實到最後，若要如何，全憑自己。過去這段時間的亂象與紛擾，請仔細回顧一遍，靜下來，好好梳理自己的思緒，盡責去做原本該做的每件事情。

回歸基本面，好好解決問題。

清晰判斷，為自己的選擇負責任，若是秉持負責任的態度，就能引發更多有所覺醒，也同樣選擇負責任的人，集結在一起，站出立場。

請回到你的內在權威與策略，一切會結束，一切也能重新開始，鑰匙就在你手中。

人類圖氣象報告．覺察關鍵字

9.1 推進的動力常失焦

88 了解人性，就能適應

人類圖祖師爺曾經講過一個關於他自己的小故事，非常有趣同時也引人深思，讓我翻譯成中文，引用如下：

在我二十幾歲年輕的時候，曾經替報社工作，工作內容是每天要打兩百通電話，當時我的老闆是個德國人，他從事這一行賺了上百萬，因為想退休了，所以他決定要訓練我接手。他告訴我：

「如果你每天都打兩百通電話，你一定會成為全世界最棒的推銷員，這兩百通電話裡，會有二十通跟你說好，而這過程中你會被訓練出來的能力就是，能夠坦然接受其餘那一百八十通電話，對你說不！」

在那段過程中，有非常多人直接掛了我的電話，也有很多人對我說，你少來煩我。但同時，我也賺了很多錢，這就是我所學習到的，關於自尊心的課題：了解人性，就能適應。

經過這段期間的磨練，現在的我只要拿起電話，聽見對方的聲音，就如本能般，我就可以了解對方現在的狀態。

如果你要成為一個有影響力的人，就要了解人的本性，你要知道每個人真正在意的是什麼，你要明白他們沒有說出口的渴望與需求，然後，你要能好好解釋自己的想法，讓對方收到，你能為他們貢獻的是什麼。

我很喜歡祖師爺所說的這則小故事，希望這會為你的一天帶來某種安慰或啟發。今天，也讓我們一起回到自己的內在權威與策略，鍛鍊自己適應變化的能力，過程中的每一步，都是宇宙為每個人帶來很好的課題，讓我們更了解自己，更了解別人，也更懂得人性。

一切都會愈來愈好的，加油。

人類圖氣象報告．覺察關鍵字

#投降的通道44－26　#26.5懂得運用能量就能適應

89 衰鬼莫近，暖流匯集

心情不太美麗？莫名感到沮喪？低落不爽？渾身提不起勁？缺乏正面能量的時候，最恐怖的悲劇就是被另一個比你情緒更爛的衰鬼纏住，若是放任自己繼續聆聽下去，這成山成海充滿抱怨與無力的言語，會化成無止境的黑洞，磨損靈魂的羽翼，讓人失去元氣，逐漸滅頂，讓你感覺人生更悲慘，對誰都沒助益。

你不必承擔衰鬼無窮無盡的抱怨，就如同你也得自行處理生命中的為難，每個人都是獨立的個體，唯有自立自強，無法耍賴。

人與人之間，能量本來就能相互影響、共振與流動，尊重每個人都會有各自的體會，尊重每個人內在都存在一尊佛（只是他可能自己並不知道），每個人都有足夠的能力，可以為自己的人生負責，所以，當周圍有人帶著自身沉重的負面能量來襲，你真的不必無限制地接收下來。

付出愛與關懷的同時，你也得學習尊重自己。

平衡是一門藝術，練習畫好適度的界線，明白每個人的道不同，當每個人都願意為自己負責任，這世界上的衰鬼們，不就自然消散無蹤影了嗎？你不是超人，你也不必解決這世界所有的難題，若是盲目承攬他人的生命，最後只會榨乾你自己。

請回到你的內在權威與策略，站穩立場，衰鬼莫近，

你要先照顧好自己，照顧好你的心，唯有如此，才有餘力能將憂鬱轉化成一股小小的暖流，然後，選擇與另一股暖流交流，讓彼此的溫暖與愛，在這世界上匯集成更大的暖意。

人類圖氣象報告．覺察關鍵字

#多愁善感的通道39－55

#55.1 選擇對的人合作

90 徒勞無功之餘

第一天，默默挖了一個很大很深的洞，不間斷。第二天，靜靜將挖出來的土填回去，不停歇。第三天，再重複做第一天所做的事。

第四天，接著重複第二天所做的事。

周而復始，再重複一次，再重複再重複再重複下去，沒有人可以告訴你，何時會停止，何時有盡頭，什麼是意義，什麼是答案。

據說，這就是某些國家過去折磨犯人的時候，慣常使用的方式。人心是堅韌的，也可以極其脆弱，重複本身並不是問題，問題在於當一個人看見的只是限制，讓他開始認為自己所做的一切，到頭來，都只是徒勞無功的行為，這就成為精神的折磨，繼續如此下去，讓心崩潰的日子，並不遠。

說真的，如果真要悲觀來看待這一切，每一天，每一個人，吃喝拉撒睡，不都是以另一種形式在挖土，也在填土？如果你想問，這一切到底有什麼意義，為什麼要如此？活著會不會根本也是一種徒勞無功的行為？

我想問你，如果繼續這樣質問自己，對你而言，究竟是折磨？還是追尋？你會活得更寬廣？還是更糾結？

這並非強迫每個人正面思考，也並非意味著每個人都得活得歡欣鼓舞又積極，才是王道。而是接受世事有時就會窒礙不前，也明白，這就是生命中的不可避免，既然如此，你不是犯人，又何須苦苦折磨自己？

放開心，別抗拒，等時機點到來，舊有的將崩解，新事物一定會到來。

請回到你的內在權威與策略，今天感覺徒勞無功的時候，不要洩氣，好好生活，這只是黎明前的黑暗，蛻變之前的醞釀，必經的過程，需要你親自去經歷。

人類圖氣象報告・覺察關鍵字

＃60號閘門接受限制就是超越的第一步

91 在過往之上，重新開始

結束，然後有了新開始，也因為開始了，舊的過往也自然而然，徹底步向結束。

年輕少不更事的時候，以為開始與結束，都要頭也不回，狠狠下定決心，宛如決裂般斷裂，落淚悲傷都要帶著義無反顧的勇敢。這是天真版本的無知，以為青春大把，只要手一揮就能全部重來，捨棄你，捨棄自己的記憶，捨棄愛過，簡易地像再拿出一張雪白的畫紙，以前的，都不算。

只是愈來愈不青春，才明白，沒有什麼可以捨去不算。光陰不再給我一張雪白的畫紙。

當髮上添了白色，眼角爬出了微微的細紋，紙上褪去的顏色，曾經珍視的部分，又或者原本以為畫錯了，都可以讓人再一次，端詳許久，雙手合十，懷抱遺憾的同時也懷抱感激，懷抱你與我的曾經。

不想捨棄，沒有捨棄，也無法捨棄，但在同時，我也準備好，可以重新開始了。

回到我的內在權威與策略，我已經學會建立在過往之上，繼續找尋人生的條理，以我的方式，重新去愛。

好好體會愛。

人類圖氣象報告·覺察關鍵字

53.1 累積

92 一千顆星星的光亮

所有曾經經歷過，正在經歷中，還有即將去體驗的事，無形中，建構出清晰又繁雜的能量網絡。

人與人之間，活著，擔憂著各種擔憂，也快樂著相似的快樂，我們彼此拉扯，也相互支持，不斷對抗，也不免隨波逐流，在失去與獲得之間，在放棄與投降之中，點滴在心頭，時時都能體會生命如此真實，每一天，都是學習放下，不斷放下與繼續放下的過程。

沒有人知道未來會如何，或這一切究竟導向何處。

頭腦的思緒永遠混雜，要停下來不再亂想，真的很難，而我們能夠做的，就是回到自己的本質：每一天，每一刻，每一次選擇，都能寧靜而穩定地，繼續相信自己所相信的原則，散發獨特的光亮。

請回到你的內在權威與策略，讓光芒由內而外閃耀，就算現在還沒有任何證據可依循，都願意相信，人生最神奇的，不就是充滿著不預期的驚喜嗎？

或許就在下一秒，很快的，我們將發現天際繁星一整片，暗夜裡的星光點點相呼應，光輝映照，宛如一千顆星星的光亮，燦爛無比。

人類圖氣象報告．覺察關鍵字

#紀念人類圖氣象報告寫滿一千篇　#經營社群的通道40－37

93 正面與負面，都有影響力

每個人都有影響力，是的，不只是充滿正面能量的人具有影響力喔，當你整個人掉落黑暗深淵，塞滿負面思維的時候，你也具備十足的影響力，緊緊地將每個人吸往負面的方向去。

所以，今天請有意識地說話，察覺自己散布的言語，是傳播正面的思維，或是蘊藏負面的能量，有意識地行動，有意識地進食，有意識地與人交流，若是生氣了，感到沮喪與失望，忍不住又想口出惡言了，允許自己先暫停一下，有意識地呼吸，有意識地稍事休息，有意識地，溫柔與自己同在。

不必對自己放送過往負面的記憶，活在當下，隨時隨地，總是可以靜下來，跟自己說說話。

「你做得很好。」

「今天好熱，對不對？」

「你的堅持我能理解。」

「你努力的樣子好可愛。」

「很快就可以解決了，再堅持一下下。」

「待會去喝杯冰啤酒，犒賞自己吧。」

「你是最棒的。」

「謝謝你。」

「你一定做得到。」

「我真的好愛你。」

「加油，加油，加油喔。」

對你而言，你就是這世界上最珍貴的人，所以，請好好款待自己，先對自己散發正面的影響力。

請回到你的內在權威與策略，當你容光煥發，微笑向前走的時候，不知不覺就會吸引同樣的正向能量，一起創造美好的世界。

人類圖氣象報告．覺察關鍵字

#31.1顯化　#腦波的通道57－20　#57.3臻於完美之聰明才智

94 迴旋，是成長的軌跡

成長之路往往無法直線前進，而是以一種迴旋的循環，以螺旋的軌跡曲折而上。我們靜待，我們困惑，我們恍然大悟，我們選擇，我們採取行動，然後再等待，有時候，宛如整個世界都靜止死寂，你選擇相信，我抱持懷疑，時而體悟，時而焦慮，有時可以釋懷，有時滿心懷疑，然後再做選擇，伴隨下一次的行動，周而復始，再來一次，前前後後，人生是一場迴旋舞，你聽見那縈繞在耳邊的迴旋曲了嗎？

前進與退後，生命的軌跡不會是一條生硬的直線，這也就是為什麼，有時候你覺得自己進步了，有時候又難免出現被打回原形的困窘。無論如何，請相信自己，相信過程中的每一步都是很好的學習，只要時時保持察覺，你會一直進步，會成熟。

就算有時候一切看來阻礙不前，請維持正向的信念，身為人類，進化的路徑也是迴旋迂迴，出現問題或衝突的時候，並不代表我們退步了，每個挫折裡皆蘊含機會，翻轉過去之後，又將是全新的層次。請回到你的內在權威與策略，迴旋進退，都不忘你的本心，要有信心。

人類圖氣象報告・覺察關鍵字

#24.6 挑剔　#17.6 菩薩　#18.6 成佛

95 無心？之過？

「無心之過」這個說法其實想表達的是：我是不小心的，我不是故意的，我不知道這原來是不可以或不被允許的，就算越了界，基於我無心傷害任何人的出發點，這些舉動似乎能變得比較合理，合理到足以減輕一些自己或別人的負面感受。

所謂的無心，其實是無意識。

人有許多無意識的意識，宛如冰山在海底潛藏的絕大部分，那是自己沒看見、不願承認、還不想接受的盲點。絕大部分的人以為，只有認知到的自己才真實，才有心，才值得重視，卻忽略了那些隱藏於無心的底層，才是真正生命想教會你的核心課題，唯有看見了，蛻變才會變得有可能。

好好觀察自己說的每一句話，每一種思維，以及每一個行為，每次承諾或採取行動之前，體察自己真正的出發點。

請回到你的內在權威與策略，每一刻，每一天都有意識地生活，有意識地選擇。

沒有無心，而是有沒有意識到的差別。

人類圖氣象報告・覺察關鍵字

#25.6 無知 #51.5 掌握衝擊的本質

96 你只需要飛翔

你說你不要A，因為它限制了你的自由，基於逃避A為出發點，你選擇了B，以為這樣就可以找到新的可能，只是很弔詭地不用多久，B很快就會化為另一個A，再度成為你的限制，再一次限制了你的自由。

如果你想要的是自由，那麼最終極的自由，並不是用力推開你以為的限制，而是明白無論外在的限制多麼無窮無盡，都無損於你心之所向。

自由將從心而生，伴隨一對足以超越限制的翅膀，你又何須勞師動眾拚命拆牆？你只需要飛翔。

如果內在裝滿好多抗拒、過度期待、執著與苦痛，這都會成為靈魂的負擔，活得如此沉重，飛翔就變得遙不可及。這世界上每一個嶄新的思維與創意，並非源自你，而是透過你而展現，讓自己成為管道，與其抗拒環境種種的限制，不如靜下來，清空自己心上的重擔。當你把自己準備好，當這個世界也真的準備好，蛻變就會發生，以蛹化為彩蝶的方式，超乎你的想像。

請回到你的內在權威與策略，重點並不是選A或選B，而是你心上的清澈與透明，然後你將發現從來沒有人可以限制你的自由，因為當心如天使般輕盈，你就能飛翔。

人類圖氣象報告．覺察關鍵字

#60.3 保守主義　#3.6 掙扎是徒勞

97 你問的問題，永遠關於自己

是腦袋不斷問著問題，尤其是當心還沒有明朗，答案尚未浮現之前。

是的，你問了這個問題，接著很快，下個問題又浮現腦中，正當你思量著，該如何回答自己，一張口卻弔詭地，蜿蜒又繞回了那原本無解的問題，毫無創意，當你開始厭煩，想放棄，自以為，這樣終於甘心安靜了吧，只是沒多久，腦袋狂熱地，忍不住又問了下個問題，一個再一個，各種換湯不換藥的問題。

如果可以，請多點耐性，與自己的問題靜靜在一起，久一些。

是的，你問了這個問題。是啊，問題最後的指向，永遠是關於自己。不會，找不到答案沒多大關係。真的，你不會有事的。人生的困惑，諸多問題都只是一條條微細的線索，要相信線索之上有神細心牽引，會讓你漸漸看見，也看清楚自己的內心戲。

否則，你不會問這些問題，你不會，內心起了漣漪。

請回到你的內在權威與策略，別急著行動，別迫切想穿越，先與問題在一起，與自己在一起，同理且親密。

別匆匆忙忙逃避你的心。

人類圖氣象報告．覺察關鍵字

#63號鬧門問問題

98

去做一件你真正在意的事

我們常常吃飯吃得太快，開車開得飛快，工作做得太多，走得太過匆忙，以為自己很聰明，又懷疑自己不夠聰明，很迅速，很有效率，在犯錯與糾正之間翻滾著，不斷不斷將自己延伸又延伸，就算表面不動聲色，內心各式各樣的掙扎消失又浮現，無形中，好容易將自己推到極致而不自知。

人生到底有沒有意義？我不想再掙扎了，對我而言，人生的意義是什麼？如果今日內心浮現這樣的問題，請你靜心體會，不管是否有答案，不管現在的你是清晰或是混亂，都是最完美的狀態。

因為，沒有人可以告訴你答案，唯一能確定的是，若你將寶貴的光陰虛擲於無意義的事情上（你很清楚什麼才是真正重要的，有時候你只是選擇不去看），讓自己一團瞎忙，累死之後，就更不可能找到意義的所在。

何不先停下來，超越這些表象的混亂，深呼吸，去冒險！做一件你知道自己真正在意的事，看看會有什麼發展，看看究竟會怎麼樣？

請回到你的內在權威與策略，勇敢。**人生的意義不是想出來的**，**你知道自己真正在意的是什麼，放手去做吧**。

人類圖氣象報告．覺察關鍵字

#28號鬧門偉大的玩家　#即知即行的通道34－20

99 冥冥之中，有定數

如果對的時間點出現了，一切自然匯集成一個簡單的圓，環環相扣，這世界上每個人與每件事，都以奇妙而準確的狀態相銜接，相倚並相依。

走到那一步，你會知道的。

是定數，也是冥冥中有其安排，總是在用盡力氣，努力到某種極致之後，才會發現，懂得放鬆反而事情就對了，願就成了，你自然也在這瞬間，把一切想通了，心放下了，做起來就變得絲毫不費力。

「原來是這樣啊。」人生是由一連串隨機與注定組合而成，努力該努力的，不該努力的，也無須繼續攬在身上，盡你所能做好所有事，然後信任並聽從更高層次的安排，淡然而豁達。

請回到你的內在權威與策略，祝福你擁有怡然自得，不費力的一天。

人類圖氣象報告・覺察關鍵字

#5.5 等待悟道的喜悅

100 我會活得更好

失去的時候，分開的時候，斷裂的時候，親吻說再見的時候，離別的時候……每一個不見得喜歡的時候，感觸萬千。

歲月一直一直來，過往一直一直退，離合悲歡有時由不得人，走到底，無法進，無法退，放手看來是必然的下一步，放下之後才能更新，才能重生，不管多想念，多捨不得，睡醒一翻身，又是全新的一天，迎面而來。

就在今天，我做了一個簡單的決定。

我決定，從今往後，我會活得更好。所謂更好的意思是，我想真正隨順心中的意志，誠實去做自己認為值得的事。我不想辜負你的愛，也不想辜負我自己，就算與你肩並肩，談笑風生的時候，再不復得，或許人生無法隨時隨地都快樂，我明白，而我也真的不想再有更多遺憾了。

活著，一天天，一年年，十年二十年轉眼瞬間，這是一條自我實踐的道路。為自己的人生負責，我很清楚這是我的選擇，至於別人怎麼看，怎麼說，人生苦短，杯酒交錯間，緣起緣滅，各有風華，若堅持的道路不同，那麼我又何須苦苦執著耿耿於懷呢？

如果有一天，還有機會與你相見，希望能夠緊緊擁抱你，無悔無憾告訴你，我愛你，我好想你。這份濃烈的愛現在我能將之轉向內在，化成溫暖的支持，支持著我，也支持我所愛的人。

這是我選擇記憶你的方式，回到內在權威與策略，我會活得很好，我會讓自己的生命發光發亮，請放心。

人類圖氣象報告‧覺察關鍵字

48.6 自我實現資源永不耗損

101 穩健前進，順流而行

不必理會那些看衰你的人，要成事並不是只看現在，要看長遠，你過去所打的基礎與根基，不必大肆宣揚，沒有白走的路，用心的人走得長遠，當正確的時間點到來，不言自明。

把心穩下來，依序完成你想完成的工作，不必慌張也不用急，穩健前進，如果遇到障礙或困難，別放在心上折磨自己，遲早都會順利解決，提醒自己要有耐性，別煩心。

想像自己是一艘美麗的船，在汪洋上順流航行。海洋與天際的色澤閃耀，活著的這一刻，可以健康平安，已是幸運，所以那些不愉快與煩憂，討厭的人事物，會隨著海浪流過，不必再想，也不會再留，相信自己，完成你想完成的事項。

千萬個看衰你的人，不敵你一顆堅定美好的心。

人類圖氣象報告・覺察關鍵字

#韻律的通道5－15

102 你所不能的，是蛻變所在

當你將原本的限制踩在腳下，踏出第一步，那一瞬間你已經下定決心，你不再買單過去，不再受限別人的眼光，你想為自己創造一個新的未來。

不要在意是否完美，這一次就算出錯也好，惹來非議攻擊也罷，眾人注目之際，悠悠之口或褒或貶都是常態，這世界上有人喜歡你，就會有人討厭你，只要忠於自己，明白自己為了什麼而堅持，要好好尊敬自己的勇氣，還有努力。

限制是連環套，打破一個就會有下一個，限制無止境這是人生。真正有力量的人，並非無所不能，而是清楚自己的限制所在，面對限制，學習，突破自己，限制是來自宇宙的禮物，讓你蛻變出光芒。

現在你所不能的，未來可能會變得輕而易舉，為什麼，因為你會學習，腳步會不斷前進，這是珍貴的過程，不要低估自己。

人類圖氣象報告．覺察關鍵字

#驅動力的通道54－32　#突變的通道3－60　#輪迴交叉限制

第 4 章

準備好，大顯身手吧！

103 有些事，不是你的問題

不要妥協，聽從你的心聲。

有些事情，並不是你的問題，仔細去區分，沒錯，許多事情可以操之在己，但同時，這世界上也還有很多事情，要承認，現在的你無能為力。

如果現在沒人懂得你，想一想，你是否全力以赴了？若捫心自問，無愧於心，那麼請別因為想討好，想取悅，而讓自己有任何委屈或妥協。退讓，不會讓你找到出路，反而會有更大的風險，讓你失去自己。

學習接受世界上有些事情，真的不是你的問題。若是源於抗拒，試圖想扭轉對方的想法或看法，只會讓你走到最後去恨別人也恨自己，所以，請不要浪費精神在那上頭。你真正要處理的問題只有一個：

深耕自己，把自己準備好。

每個人都有自己的風格，每種風格都需要被尊重，如果現在對方無法欣賞你，那很好，這世界很大，請繼續堅持，有一天，一定會遇見知音人，看見你，懂得你，對你的存在無比珍惜。

請回到你的內在權威與策略，朝你所相信的方向去努力，漸漸地，你將發現原來以為的問題並不是什麼問題，活著，會是很好的體驗。

體驗自己，體驗與對的人相遇。

人類圖氣象報告．覺察關鍵字

48.2 不能為了配合而忽略了最重要的

104 再說一句都嫌多

「夠」這個字很有趣，是一個「多」字加上句子的「句」，不知道古人怎麼演繹這個字，才會演變成最後這樣的組合。如果靜靜只看著「夠」這個字，自由發想，我會說，如果真覺得「夠」了，那麼應該可以解釋成：連再說一句都嫌多。

因為已經非常足夠，不管是正面的滋養，或是負面的堆積，情義愛恨都有過，累積的分量夠多，於是，解釋顯得多餘，何必再說？該說的都已經講完，費盡口舌到最後，還不是各人有各人的路走，事已至此，每個人眼底的風光皆不同，既然如此，就別再說了。

別再說，該做什麼就去做，該分散該重逢，該是你的不是我的，愛戀還在不在？多說少說也不會改變事實，只能說，我和你，緣分，沒有足夠。

請回到你的內在權威與策略，既然這樣，就灑脫點，何必歹戲拖棚？

這個世界真的比你以為的大得多，既然用心認真過，就值得對得起自己，別再回頭了吧！昂首闊步，坦然直率繼續活，我愛過，所以繼續過，深呼吸，今天很簡單，既然決定夠了，就可以放他自由。

也讓自己真正自由。

人類圖氣象報告．覺察關鍵字

34.6 知道適可而止是常識

105 你所熱愛的，就是道路

當你執意每一步都要正確，往往就很難正確。

當你用腦袋拚命快速運轉想找解答，所謂的解答就化成命運般嘲笑你，找來找去，都不過是在迷宮中轉來轉去徒勞無功。

當你內在緊抓完美的標準，認為非如此不可時，你認為應當會發生的一切，反倒與你愈離愈遠，心中所渴望的愛與光，反而快速後退不復得。

你渴望追尋並創造有意義的生命？真正的答案無人可告訴你，這一切如同巧妙布局的謎語，你得自己參悟那道理。

在樹林裡迷路的時候，停下來，聆聽你的心，讓路現身來找到你。

關鍵的線索是：你所熱愛的，就是道路。

如果這方向會帶來愛與美，與你的心相互呼應，那麼對你而言，這就是一條正確的路。換句話說，如果現在正在發生的一切，你很清楚沒有愛，沒有光，也沒有美

好伴隨而來，為什麼，你還要讓自己深陷其中呢？

請回到你的內在權威與策略，想一想，停。看。請選擇，有信心沿路繼續走下去，不知不覺，生命會帶著答案顯現，找到你。

人類圖氣象報告．覺察關鍵字

#探索的通道34－10　#10.6人生典範

106 簡單的人最聰明

提醒自己，別以既定的思維，在腦袋中胡亂翻攪，將原本可以很簡單的一切，恣意衍生出更多不必要的枝節。

回歸最簡單的基本面，做該做的安排，該答覆的，需要釐清的，盡可能都做到好，然後，你真正該學習的是放下，或者應該說，這一次請你放自己一馬，讓疲倦的心得以休息。

真正聰明的人，不會拿聰明來對付自己：設想每一種可能會面臨的難關，揣測每一個人可能會做的壞事、懷抱的惡意，為此搞得自己無法放鬆，緊張兮兮，外在環境就算風平浪靜，你還是覺得疲憊不堪，因為這些自認聰明的算計。

把你的聰明，用在讓事情更簡潔，讓眾人更方便，讓一切更簡單。請回到你的內在權威與策略，難的是簡單，留下一個最單純的自己，澄澈又透明。

人類圖氣象報告．覺察關鍵字

29.4 兩點之間一條直線最直接

107 跳入水中的瞬間

就像游泳一樣，跳入水中的一瞬間，全身皮膚的每一個細胞，突然間接觸到透心冰涼，不由自主突然「啊」一聲驚呼，隨即肢體總會自動化略微僵硬，陷入一陣初到新環境的侷促不安。

這時候的你，可以立刻退縮迅速爬出游泳池，也可以鼓勵自己奮力一搏，繼續努力往前游，如果你選擇的是繼續，游著游著就會愈來愈適應，游著游著就會愈來愈得心應手，然後真的不用多久，就能開始享受與水流合一，忘我的快樂。

開始總是有其困難，我們對未知感到困窘，其實事情或局勢本身並不難，難就難在你對自己的不確定，心魔總在一念間，是你放任它膨脹至弔詭的程度，你也可以微笑看著它，漸漸在掌心中縮小，沒多久，消散在空氣中。

跳入瞬間，所有緊繃與忐忑，其實都是很棒的體驗，讓你有機會體驗自己內在靈魂的本質，體驗那個冒險的、靈活的、無懼的，勇往直前近乎天真的自己，那麼活力充沛，獨一無二，隨著水光瀲灩浮動前進著，如此閃耀又美麗。請回到你的內在權威與策略，享受過程中的每一刻，時時刻刻挑戰都不同，樂趣也不同，請放心舒展自己，盡情享受，與生命之流合一。

人類圖氣象報告．覺察關鍵字

#驅動力的通道54－32　#即知即行的通道34－20

108 是我，有力量在我手中

「我只是照你說的去做……」

當一個人說出這句話的時候，是不負責任的。

誰說的，別人說的，是嗎？這指示可能來自你的另一半，是老闆的，上層給的，但在接受這個任務之後的每一秒，選擇權就落在你手中：你選擇做，或選擇不做，你選擇如何執行，花多少時間，多少心力，每一刻，都出自於個人的選擇。

當結果不如預期，或者事情進展不如人意，抱怨、推卸責任其實都於事無補，但若認為遵照規則行事的人，就能置身事外，並不成熟。

這是一個人選擇看待生命的態度，如果眼中都是別人的錯，自己永遠都不會成長，習慣拖拉開口說「我不知道」的人，不會茁壯，也不必摔跤，事不關己的

同時，那些經歷挫敗之後所伴隨而來的成熟，宛如生命力交纏奮戰所釀成醇厚的酒，不會屬於你，因為深度與智慧

只留給那些願意冒險承擔，為自己的決定，真正負起責任的人。

請回到你的內在權威與策略，誰說的？是——我。

是我說，這是我真心所愛，是我說，要與你一起勇往直前，是我說，我選擇了愛，選擇了行動，選擇了專心致力，讓一切行得通。

是我，有力量在我手中。

人類圖氣象報告・覺察關鍵字

#55.3 防衛

#59.3 開放

109 你不需要討好

如果你說好，這個好要源自內心真實渴望，是真正願意，不是為了想取悅誰，或是想讓誰開心，別輕易委屈自己。

你不需要成為一個討好的人，真正的朋友會懂得你。

但是，在他們懂得你之前，你得自己負起責任，讓他們有機會看見真正的你。你得先表裡一致地表達心意，讓周圍的人真正了解你的個性，明白你的立場與作法。承諾與答應的那個你，與面對限制所以拒絕的那個你，都是你。

請回到你的內在權威與策略，在情緒如海浪，起伏不停歇的當頭，保持內在的清明與平靜。

如果你說好，那會是真實的好，如果你說不好，心中也很清晰拒絕的理由與原因，沒有偽裝，沒有隱瞞，也沒有暗藏玄機，只要勇敢活出真實的自己。
真實並且真正地活著，不必討好，過好自己的人生。

人類圖氣象報告．覺察關鍵字

#空白情緒中心　#29號閘門承諾

110 如果遇見錯的人……

我要先說明一下，這裡所謂的「錯的人」，不見得是壞人或是爛人，人各有性，錯的人，僅僅就是某些人，在某個當下不預期地出現了。但是，很抱歉地，他們無法支持你，也沒帶來溫暖，反而讓這原本已經不容易的一切，變得更艱難。

如果你遇見錯的人，你知道的，外頭的世界很大，也很容易動不動充塞各式各樣錯誤，先別生氣，生氣最後累的是自己的身體，也不必恨他們，花氣力在他們身上，只是浪費你的生命，虛擲光陰。

讓我們學習更客觀，也更抽離一些，這些人本身極有可能並不壞，只是在此刻，在當下，對你無益，如此而已。

怎麼辦？

無須憎恨，也不要逃避，你只是看見他們，真真實實地看見了。是的，我們活在同一個世界裡，但是，彼此心智可能存在平行宇宙裡，我們永遠可以學習優雅而清晰地，將不屬於自己人生的錯誤，區分出來，既然如此，何須回應？何必讓這些錯的人來影響你？

將自己寶貴的力氣，放在真正在意，真正鍾愛的人事物上，讓這個世界的未來，因為有我的存在，因為我的慷慨付出，認真分享，而有機會變得更好。

請回到你的內在權威與策略，你認為是錯的人，他們有其軌道，你也有你的，我們各有其堅持，也各有其歸途，請放掉錯的人，好好與對的人一起努力，珍惜你自己。

人類圖氣象報告．覺察關鍵字

#監護人的通道50－27　#困頓掙扎的通道28－38　#28.4堅持

111 為理想奮戰，成就無私的心

這個世界非常大，裡頭包含了各式各樣的人，各式各樣的思維與活動。

你和我自成一個小宇宙，我們可以選擇封閉，自以為只要管好自己，好好運行無虞，獨善其身就足以保全。而事實上，終究無人能獨立於整體之外，若沒有選擇站在自己的立場，為家族或國家的需求發聲，展現身而為人的影響力，就只能隨波逐流，被世界所影響。

許多創新與革命性的舉動，在一開始萌芽的時候，看來幾乎都是徒勞無功的。

但是，如果你很清楚自己明確的心意，明白這是自己的選擇，這選擇並非出於自私，而是為了更高的原則與理想而奮戰，那麼，就算一開始覺得自己走得好孤獨，都不要失志，更別放棄。

堅持，會讓原本僵硬的一切崩解，你的影響力如果夠堅定，那一瞬間，會讓每個看起來微不足道的小小個體開始融化了，然後，我們將再度融合在一起，成就一顆無私的心。

請回到你的內在權威與策略，擴展自己的小宇宙，為你所相信的原則而奮戰，這是進化的開始，這是不可避免，一趟進化的偉大旅程。

人類圖氣象報告．覺察關鍵字

25.1 無所求的行動

112 世界會走到你的面前

你以為要衝撞，你以為要追趕，你要自己跟上世界的潮流，你告訴自己凡事皆要用盡力氣，才可能會有期盼的結果，是嗎？真的是這樣嗎？

想像，莫內的花園，靜靜的，存在。

當時的莫內正專注在湖畔的光影，蓮花靜靜開。那一刻，彷彿這世界上只有他看得見，光影絢爛轉換，足以令人目眩神迷的美麗，那瞬間，他的眼中沒有別人，或許連自己都已經遺忘，單純的，他只是與所熱愛的事物合一。

接下來發生什麼事情呢？

美，透過他，傳遞到這世界上來，眾生對美的想望，幾乎就是一種本能，不管我們在世界的哪一個角落，都生出莫名的渴求，渴求走進他的世界裡，沒有誰追逐誰，沒有不足，也沒有缺憾，如果這是愛的能量，就會自然而然穿越你以為的障礙，靜靜的融合在一起，宛如那蓮花安然靜謐，與我們同在。

無須著急，當你願意安靜聆聽自己的渴望，對自己下足工夫，成為自己本該成為的模樣，等時間到了，因緣具足，這世界必定會走到你面前來。

請回到你的內在權威與策略，你看見內心的花園了嗎？好好愛護它，珍惜它，耕耘它，你不必成為世界的中心，因為世界將以你為中心，美妙地展開。

人類圖氣象報告．覺察關鍵字

＃46號閘門好運源於因緣具足

113 臣服整體運作的法則

別自以為，這世界只剩你一人孤軍奮戰，然後莫名掉入悲情。沒錯，你的感受很真實，但是感受是感受本身，每個人自行衍生出來的感受，不一定是真相。

真相是什麼？

達文西說：「學習如何去看見，了解萬物彼此相連。」

如果我們能夠放大再放大自己的視野，像是站在宇宙的邊緣，遙遙看著地球那麼遠，或許就能了悟，這整體冥冥中，自有其運作的法則。你自成一個小宇宙，同時每個小小的宇宙，也隨著這整體運作法則，底層順應美妙的軌道運轉著，如果明白了，也願意終於臣服於這道理，就能自在能自處。

既然如此，如果此刻感覺孤獨，就去擁抱孤獨想傳達給你的禮物。如果覺得辛苦，是因為你還不熟悉自己原來可以這麼有力量。如果在生命中碰到背叛或離別，那是宇宙說，可以重新再辨認自己的位置，懂得世事開始結束終有時，得以成熟。痛苦是快樂的反差，缺一不可，否則完整無法存在。

這一步不僅僅是這一步，那是上一步的延續，也是下一步的延伸。

請回到你的內在權威與策略，我們相互以不可思議的方式連結著，安全而穩定被愛環繞著，無須無謂擔憂了，忠於自己，這世界必有安排。

宇宙愛你。

人類圖氣象報告．覺察關鍵字

#37.3平等對待 #經營社群的通道40－37 #19.1相互依存

114 每個靈魂都有一對翅膀

每個靈魂都擁有一對翅膀，可以帶領你在自己的天空裡，自由飛翔。

你可能壓根忘了這檔事，把自己的翅膀擱置在某處，看不見，也不去想，又望著那些有翅膀高飛的人，既羨慕又嫉妒，感覺自己好渺小。

每一次，當你開始自我質疑，或者開始否定自己，都會讓原本美麗的翅膀蒙上一層灰，灰塵愈積愈厚愈沉重，愈難被看見，你的才華天賦與強項，在體內完全轉成休眠狀態，好可惜。

怎麼辦？

首先，你要先停止羨慕別人，仔細搜尋自己的翅膀遺落何方，這可能要花上一點時間，但是請以你的節奏來進行，莫急躁，也別擔心，一定找得到，請對自己有信心，當你找到它，請溫柔地將上面的灰塵輕輕拍乾淨，這是你的翅膀，是不是好美麗？

一開始練習展翅飛翔，你可能會苦惱於自己施不上力，這很合理，因為你這麼久沒有使用它了，總要花些時間再度熟悉，慢慢的，你將逐漸發現，體內真實的自己全然甦醒，與這對可愛的翅膀合而為一。

請回到你的內在權威與策略，別傻了，你是天使，當然會飛翔。

人類圖氣象報告．覺察關鍵字

9.6 感激

115
賺多少，老天爺注定好

這一輩子，會有多少領悟，會愛到誰，或被誰全心全意愛著，會賺多少錢，會遇到多少人……，是意外嗎？

對人類既定固有的，有限腦袋裡的認知而言，找不到脈絡可依循，容易莫名引發焦慮，如果這世界上真的有神，有老天爺，祂會笑語盈盈望著你。

「怎麼會是意外呢？別忘了，我在這看顧著你呀。」

這世界看似紛擾的混亂，都是最好的舞台，讓你體會這一生要經歷的離合與悲歡。

或許你是對的，賺多少，老天爺注定好，緣分天注定，有情不見得有分能夠長相廝守。但是呀，或許你也根本就是錯的，錯在你以為老天爺很小器，注定要給你的限額很低，其實並不然。

有很多事，超越你意料之外，看似失控，其實隱藏著巨大而真實的祝福，會牽引你走到下一步，再下下一步，總有路走，一轉彎，當對的時節到來，繁花盛放超乎你預期，迎面而來。於是，我們才會恍然大悟明白了，與其把焦點放在外頭，還不如只要專注的，想著如何認識自己，懂得自己，誠實遵從你的心意，用心往前走，在這個舞台上，在這條路上，每一刻都盡可能綻放自己最大的光采。

請回到你的內在權威與策略，當你做好自己，老天爺就有安排，一個人注定這輩子可以賺多少精采呢？

讓我們一路繼續走，盡情盡興，一定會體驗到愛。

人類圖氣象報告．覺察關鍵字

#30號鬧門命運的安排　#幾何軌跡　#磁單極

116 不要放大自己的問題

別人認為極為重要的議題，在你個人的世界中，可能只是滄海一粟，反過來說，你窮盡一生之力，認真努力鑽研的一切，在其他人眼中，不過也就構成人生百態，其中的一幅風景。

如果你看懂這件事，就不會莫名去放大自己的問題，或者存有先入為主的天真，認為別人一定能夠理解，必定可以體諒，你會明白人與人之間，並沒有什麼理所當然，別人對你好，是你幸運，若是意見分歧，才是常態，讓你可以努力去擴展自己內在的容納量，找到與人為善的可能。

不見得每個人都能懂你，這不是什麼問題，別放任自己鑽牛角尖，事實就是如此。

我們各自創造與外界接軌的介面，各有各的慶幸，也各有各的悲傷，擁抱不同的幸福，面對光陰流逝宛如手中撒落的流沙，每個人都有各自的詮釋與學習。

人生不見得容易，你真的不必繼續放大自己的問題，每個人的生命中，都有好消息，也有壞消息，幸運與否，取決於你如何看待，如何面對，如何處理。

請回到你的內在權威與策略，努力可以努力的，溝通可以溝通的，做你該做的，然後，心平氣和尊重別人的不理解，同時，也好好尊重你自己。

人類圖氣象報告．覺察關鍵字

#多愁善感的通道39－55　#困頓掙扎的通道28－38　#4.4騙子

117 誰是你翅膀下的風？

當你飛翔的時候，常常忘了翅膀下有風。

在你任性的時候，在你沮喪的時候，當你陷入黑暗深淵，以為前方不再有希望，苦痛似乎沒有盡頭，想想看，誰是你翅膀下的風？

誰會跟你說，別急，別怕，別擔憂，相信自己，讓我們迎風再飛一回，翱翔的時候，才能看得更遠，如果延伸原本狹隘的觀點，就會知道這世界上真是沒有過不去的難題，一定可以找到解決的方式，遲早而已，不要失去信心。

這一條人生的道路，順風有時，逆風有時，當一個人把苦與甜都嚐過，才會真正懂得，成熟的意思是終於可以看見一直以來，自己翅膀下隱形的那陣風，無形來去之間，鼓舞你，提攜你，關懷你，讓人感到溫暖，愈飛愈高，才得以看見更高的天空。請回到你的內在權威與策略，若是今天有任何人突然浮上你的心頭，不要忘記，找個機會好好表達自己的感謝，謝謝對方曾經如此無怨無悔，傾注心力，專心為你付出過。

必定是抱有一片極寬廣的愛，才能化為翅膀下的風，為你歡喜為你憂。

人類圖氣象報告．覺察關鍵字

54.5 寬大—與弱勢者建立真誠豐盛的關係

118 以愛之名，人之患

當你以為自己可以替別人解決問題（我們好容易認為這就是貢獻的真義），在你自我感覺良好並一股腦任意付出前，請等一等，並想一想：

別人是否真的需要你伸出援手？他們開口了嗎？

還是你自認對方有這樣的需求？你的介入對方真的欣然接受嗎？

你有沒有以愛為名，不自覺地以「我就是為你好」的心態，硬是將自己的價值觀加諸於對方身上呢？

人之患，在好為人師。

好為人師，其實底層隱藏了一種隱性的傲慢，一來，你並沒有尊重對方是一個獨立自主的個體，有能力解決自己的人生議題。二來，這無形中造成了一種依賴與被依賴的行為模式。老實說，不管哪一方，最後沒有人會覺得自己的力量由內而生，僅剩空乏耗損之感。

真相是，並沒有誰比誰更好，我們只是各自在各自的軌道上，做著該做的事情，學習該學的課題。貢獻的意思是，我們尊重彼此的不同，願意給出空間，讓每個人都能呈現出自己最好的那一面。

請回到你的內在權威與策略，練習提升自我的察覺能力，我們依舊可以滿懷熱情與愛，不斷付出，只是在投入任何行動之前，請更有察覺，區分自己真正的意圖，尊重彼此的自主性，才是關鍵。

人類圖氣象報告·覺察關鍵字

#8.5 聚散終有時 #14.5 傲慢

119 不翻滾，鯉魚怎麼躍龍門

鯉魚為什麼可以躍龍門？

是牠比較聰明嗎？還是牠比較努力？到底是過於天真還是過度成熟，足以支撐牠溯流而上，放肆去做個龍門一躍，從此飛龍在天的美夢？

若想躍過龍門，鯉魚們，其實關鍵就在於：你有沒有能力徹底轉化既有的不利因素，跳脫原有的範疇去思考，轉換角度，重新整合你手上的資源，出奇制勝。

不是每條鯉魚都能躍龍門，這是我們生存在物質世界的實相，機會有沒有，沒有人知道，翻不翻得過，沒人掛保證，但是，如果不放手去做，就一點機會都沒有，安於現狀固然安逸，卻無法激發自己的潛能，從內而外你得有一股狂野的動力，才能自鯉魚突變成金龍，騰雲而上，翻滾至天際。

請回到你的內在權威與策略，有時候，人就是要多那麼一點點瘋狂，多那麼一點點奇異的靈感，還有很多很多努力，然後，誰知道呢，或許下一秒，奇妙的事情就這樣發生了。

祝一躍而上，翻滾愉快。

人類圖氣象報告．覺察關鍵字

#44號閘門聚合　#14號閘門強而有力的技能

120 堅持去做，你認為對的事

你的為難在於，究竟要隨波逐流，人云亦云，還是選擇聽從內心的聲音，堅持去做自己認為是對的事情。

我們常常妥協，因為不想面對自己的孤單或恐懼，我們以為，這些生命中大大小小的妥協，其實沒什麼大不了，你配合東配合西不知不覺把自己搞得很廉價，然後永遠搞不懂，為什麼生活裡充滿一堆鳥事，而你永遠是最無辜的那一個。

如果你願意，請停下來想一想，在過去所有嘗試錯誤的經驗中，是不是你自己先放棄了立場？是不是你害怕了？膽怯了？所以選擇與魔鬼交換了靈魂？其實，生命中最恐怖的事情，並不是面對自己的孤單，而是被恐懼孤單所操控，最後出賣了自己，任由負面能量來襲，而放棄去做你認為是對的事情。

要維繫團體運轉，妥協並不是答案，有時候你需要不偏不倚，依循內在的秩序與準則做選擇，才能真正找到方向，讓人生充滿和諧與愛。

請回到你的內在權威與策略過生活，對自己有信心，妥協並不是必須，沒有人要你委屈求全，請相信自己的力量，放手去做對的事情吧！你會懂得求存的藝術，你將充滿創意，找出生存之道。然後，不要怕，宇宙與星星的力量，都與你同在。

人類圖氣象報告．覺察關鍵字

#雖千萬人吾往矣34－10

121 準備好，大顯身手吧！

你準備好要大顯身手了嗎？

有一年，我去歐洲自助旅行，為了省錢，選擇坐一天一夜的渡輪，從希臘到義大利去。那一夜，大船駛離岸邊，我獨自一人，揹著背包站在甲板上，黑夜像無邊際的海洋淹沒我，如同我腦中氾濫的恐懼，在寧靜的暗夜更顯喧嘩，狠狠吞噬我的信心，我看不見漫天星星閃爍，只聽見自己的渺小與焦慮，莫名害怕著，胡思亂想著那些還沒發生（或根本不會發生），但在腦袋中卻如此真實得像是已經發生了的危機……

「停！」不知從何而來，突然有一句堅定無比的話，可能是宇宙對我說的：「你害怕明天，但是你只能活在當下，如果活在當下，明天就不存在了。」

剎那間，我那過度發達、總是異常吵雜的大腦，嘩！像是被潑了一桶冰涼的水，得以安靜。

如果當下可以做的都做了，何不安然享受今夜的星光？與其讓恐懼主宰你，為什麼不選擇相信自己？

向前探索，沒有任何人可以跟你掛保證，你只能遵循自己所相信的信念活著，呼吸著，相信自己有一顆敏銳的心，足以適應接下來環境的種種變化，相信自己充滿力量，可以回應，可以改變，可以走出一條優美的求生之道。

永遠可以回到你的內在權威與策略過生活，宇宙說，向外擴展的時機點到囉！你準備好要大顯身手了沒？我知道你準備好了，那就開始吧！

人類圖氣象報告．覺察關鍵字

#發起的通道 51－25　#57.5 進展

122 人生苦短，請放手去做！

你的沒有安全感，你的恐懼，你害怕自己能力不足，你所擔心的一切，都無法被解決，除非你開始採取行動，除非你自己願意，動起來。

失敗究竟是什麼？

除非你全盤放棄了，否則，哪有失敗這回事？每一步都只是過程中的一部分，每一步都是你在調整中學習，在學習裡精進，然後找出一條可行的道路，讓自己成功。

事情並不容易，但是也沒你想得那麼難，沒有行動就沒有驗證的可能性，這世界上沒有任何事情是掛保證的，唯有你自己步上這條探索的道路，一探究竟。

誰知道呢？可能接下來一切都會很棒，也可能到頭來，證明你原來的想法是個死胡同，需要徹底推翻既定的假設，從頭再來。若真的是如此，其實也很好，至少你就不會心懷懸念，在夢想與幻覺中搞不清楚，虛擲光陰。

請回到你的內在權威與策略，該做的就放手去做吧。人生苦短，請放手去做你真心熱愛的事，盡情盡興，不枉此生。

人類圖氣象報告．覺察關鍵字

48.5行動 # 探索的通道34－10

123 你不需要成為超人

當濫好人並不代表是好人，如果答應之前，沒有仔細考量自己的資源、人脈與能力，很容易因為承諾過多而傷人害己，得不償失。

今天不管是大事或小事，在你答應之前，請好好思考，這真的是我能力所及嗎？我答應是因為希望對方開心？還是想避免衝突？是我自己不願意面對拒絕之後，可能引發的爆裂場面？又或者是不想辜負別人對我的期望，我想證明自己是好的，是有用的，是值得信賴的，所以，我才會拍胸脯說好吧，就讓我來吧。

永遠不是別人「害」你答應了什麼，不管在情緒上喜不喜歡，從結果來看，當你「答應」了，這就是出自你的選擇。

濫好人往往真的很想當好人，但是這樣的意圖之下，有許多值得深思的地方。

請回到你的內在權威與策略，了解自己的限制所在，對可以做到的部分充滿自信，也願意誠實溝通自己愛莫能助的地方。

你不需要成為超人，也不必取悅別人想變成萬人迷，喜歡你自己，別人就會開始欣賞並尊重真正的你，一個願意以自己的原則過生活的人。

人類圖氣象報告・覺察關鍵字

29.5 過度擴張

124

別想改變任何人

你、無、法、改、變、別、人。

既然如此，對於他人的行為或言談而感到火冒三丈，究竟所為何來？今天如果某個時間點，你內心的那座小火山被引爆了，在口出嚴厲的言語之前，或讓狂怒吞噬你之前，請好好問問自己，我究竟在氣些什麼呢？

你不可能改變風，也不可能改變雲，你如果想改變別人，改變自己的父母，改變老闆，改變同事，改變自己的小孩……，這就像用盡所有力氣去推牆壁，你推得好認真，推得好奮力，但是牆壁仍舊矗立，所以，你好生氣？

接下來你打算如何呢？你是打算為此拚了？開始練習去推萬里長城嗎？

注意到自己的執著，注意到自己的情緒，你只能對事不對人，請放下改變別人的心，也請放下你對自己的評斷。

每一個改變必須從每一個人的內心出發，向外硬來是徒勞無功的，最難也最簡單的作法就是，當自己的心念改變了，你將神奇地發現，外在的每個人也悄悄改變了。

請回到你的內在權威與策略，執著所為何來？看清楚之後，怒氣將如風消散，這是需要好好觀照自己的一天。

人類圖氣象報告．覺察關鍵字

#批評的通道58—18　#邏輯的通道63—4

125

老實行動的人最有福

今天就老老實實，採取行動吧！

你到底還要想多久呢？不要被自己打敗，別再讓多餘的恐懼、焦慮、害怕綑綁住你，開始採取行動，才會發現，腦中巨大的恐懼將逐漸消退，你所想的與現實並不見得相符，既然如此，又何必一直自己嚇自己呢？

聰明的人容易恐懼，很愛評估，反覆分析，想找出一條看似最省力的道路。但是，如果沒有確實行動，計畫是計畫，理論是理論，願景永遠最美，但也總是和你沒多大關連。將對的人匯集到對的道路上，這需要時間，也需要智慧。而現在的你所能做的，就是把力量用在實踐目標上頭，唯有捲起袖子去行動，如此一來，珍貴的體悟會發生，對的人將不斷被吸引到你的面前來。

空想無益，老實行動的人最有福。

請回到你的內在權威與策略，縱身一躍，誠實面對自己內心的渴望，也接受恐懼與擔憂將永遠如影隨形，既然如此，行動見真章，不放手去做，你怎麼知道結局會如何呢？

人類圖氣象報告．覺察關鍵字

#發現的通道46－29　#34號閘門最偉大的力量

126 喝完這杯，外頭天光燦爛

喝完這杯咖啡，然後就沒什麼好怕的了。

過去已經過去了，如鬼魅，如幻影，每一吋的恐懼糾纏，皆如海市蜃樓，陽光出現，宛如露珠自然而然憑空蒸發掉了，沒有蹤跡，像是從來沒發生過一般，突然感覺到，生存著，活生生，再喝一口咖啡，不真實的人生，很真實。

沒有什麼難得倒你的，就算不知從哪裡來的自信，很篤定，日子就會繼續過下去，無關乎你感傷與否，願不願意，外頭天光燦爛，沒有過不去的事情，流轉的世界兀自流轉，你在這裡，下一秒，要去哪裡，隨順心意，又有誰擋得住你？

沒人擋得住你了，所以你也不必擋著你自己，想做什麼就去做吧。

趁著陽光正好，青春依舊，別再為自己製造出無謂的障礙與困難了，煩惱那麼多，還不如起而行，糾結憂鬱又如何，拋不開的或許也不是包袱，而是貴重的禮物，是生命的體會，讓你這個人更豐富。

請回到你的內在權威與策略，想什麼呢？美好的日子，不就在眼前嗎？

幸福，你說了算。

人類圖氣象報告．覺察關鍵字

#即知即行的通道34－20　#34.5殲滅　#困頓掙扎的通道28－38

127

光陰是把刀，砍刪回憶

最後，那些回憶究竟哪裡去了呢？

光陰是把刀，過往發生的枝節，不見得問過誰，也不必被核准，就這樣自行砍去刪減，最後留在我與你的腦海裡，殘留拼湊，剩下一首詩。

既然是詩，虛幻成謎。

記憶封存之後，色調更值得玩味，暗黑更幽暗，鮮紅愈豔魅，若留下了細節都鑲上金邊，遺憾的是遺落的情節，消失不見如幻覺。我記得一些，也忘了很多，你的姿態依稀可見，情誼就算不再，怦然襲來的感受，還存放在我的心跳裡，那是回憶，為我專有。

人生走到這裡，很難公平，有的人留下，有的人遠颺，這世界不留蹤影的事情太多，如果今天，難得你想起了我，但願想起的都是美好，我想念你嘴邊揚起的微笑，那是我還沒遺忘的甜蜜，暖暖在心頭。

請回到你的內在權威與策略，日子如滾輪翻轉前進，回憶如影隨形，曾經如歌的行版，如詩的記憶。

你好嗎？

我很好，也願你一切都好。

人類圖氣象報告．覺察關鍵字

#完美呈現的通道57－10　#26.4消除記憶改變記憶

128 忌妒，是最好的讚美

忌妒是一種很微妙情緒，因為想望，渴求，而不可得，所以引發了內心一連串的反應。

如果今天你微微產生忌妒的情緒，想想自己的好，當一個人忘了看見自己的特色與美好，盲目投射在別人身上，就會產生羨慕又忌妒的情緒。換言之，如果今天的你被忌妒了，那就當成是別人對你另類的讚美與肯定，不必怨懟或反擊。

人性中有很多面向，看似古怪，彆扭，其實沒有那麼複雜，只是需要釐清，看清楚緣由，面對自己的課題，做好屬於自己的功課。

不被忌妒的人生不圓滿，看深一點，看遠一些，忌妒是看似張牙舞爪的包裝紙，裡頭是禮物，等你去發現。

第 4 章
128 忌妒，是最好的讚美

人類圖氣象報告．覺察關鍵字

#發現的通道46－29 #好勝心的設計 #社會人通道群組

129

不要勉強，做你真正想做的事

每當流日接通即知即行這條通道的時候，絕大部分的人都以為，日子會過得盲目匆忙，卻忽略了箇中真義。

要把這股行動力，用在自己真正想做的事情上，你不需要強迫自己，也不需要被他人鼓舞激勵，先回到自己的內心，感受你渴望想完成的是什麼，那是一股絕對的，直接的，衝撞往前的動能，沒有脅迫委屈，也並不糾結難辨，而是基於本能。

你知道該怎麼做，也知道自己並不虧欠任何人，你很清楚要為自己而做，你也知道凡事都要付代價，但是這個代價是值得的，因為你從中得到的收穫更大，那是對自己的愛。

不要把今天過得莽撞匆忙，你要開始創造出屬於自己的燦爛時刻，駕馭這股源源不絕的動能，與你的靈魂相互共振，和諧強大，魅力無窮。

人類圖氣象報告．覺察關鍵字

#即知即行的通道34－20

130 今天的氣力，宇宙為你準備好

今天身體有多少力氣就做多少事，整體宇宙輪軸的安排，與人的頭腦所認定的計畫，往往差距甚遠。服務世界最好的方式，就是把自己過好，行有餘力，就為更多人創造美好的體驗，如此一來你的存在就有價值。

當你誤以為撞牆是展現毅力，不斷勉強自己要堅持下去，老天爺可能會乾脆降下一道萬里長城，讓你撞得更絕望，更徹底，就是要到這樣的程度，你才能領悟到撞牆是徒勞無功，耗損氣力而已。

若是順流而行，你需要的氣力，宇宙會為你準備好。

艱難不見得是正確的路徑，有些事情的確很困難，但是，若這就是你要完成的使命，不一定要克服萬難，你要學會臣服，學習與腦袋的焦慮不安共存。信任

身體，信任順流而為，會有更高的力量確保你的身體具備足夠動能，一切會圓滿。身體很棒，承載你的靈魂與信念，只要你正確運行，會順利的，請放心。

人類圖氣象報告・覺察關鍵字

#輪迴交叉　#設計水晶　#個性水晶　#磁單極

HEART
心|視野 心視野系列 091

愛自己，別無選擇

每天練習跟自己好好在一起
【人類圖氣象報告．暢銷新編珍藏版】

作　　者　喬宜思（Joyce Huang）
總 編 輯　何玉美
主　　編　林俊安
封面設計　FE 工作室
內文排版　黃雅芬

出　版　者　采實文化事業股份有限公司
業 務 發 行　張世明．林踏欣．林坤蓉．王貞玉
國 際 版 權　劉靜茹
印 務 採 購　曾玉霞
會 計 行 政　李韶婉．許俽瑀．張婕莛
法 律 顧 問　第一國際法律事務所　余淑杏律師
電 子 信 箱　acme@acmebook.com.tw
采 實 官 網　www.acmebook.com.tw
采 實 臉 書　www.facebook.com/acmebook01

I S B N　978-986-507-709-9
定　　價　380 元
初版一刷　2022 年 2 月
初版二刷　2024 年 8 月
劃撥帳號　50148859
劃撥戶名　采實文化事業股份有限公司
104 台北市中山區南京東路二段 95 號 9 樓
電話：(02)2511-9798　傳真：(02)2571-3298

國家圖書館出版品預行編目資料

愛自己，別無選擇：每天練習跟自己好好在一起【人類圖氣象報告．暢銷新編珍藏版】/ 喬宜思（Joyce Huang）著 .– 台北市：采實文化，2022.2
304 面；13.5×21 公分 .--（心視野系列；91）
ISBN 978-986-507-709-9（平裝）
1. CST: 自我肯定　2. CST: 修身
177.2　　110022625

采實出版集團
ACME PUBLISHING GROUP